Kompakt Edition: Transport

Lizenz zum Wissen.

Sichern Sie sich umfassendes Wirtschaftswissen mit Sofortzugriff auf tausende Fachbücher und Fachzeitschriften aus den Bereichen: Management, Finance & Controlling, Business IT, Marketing, Public Relations, Vertrieb und Banking.

Exklusiv für Leser von Springer-Fachbüchern: Testen Sie Springer für Professionals 30 Tage unverbindlich. Nutzen Sie dazu im Bestellverlauf Ihren persönlichen Aktionscode C0005407 auf *www.springerprofessional.de/buchkunden/*

Jetzt 30 Tage testen!

Springer für Professionals.
Digitale Fachbibliothek. Themen-Scout. Knowledge-Manager.

- Zugriff auf tausende von Fachbüchern und Fachzeitschriften
- Selektion, Komprimierung und Verknüpfung relevanter Themen durch Fachredaktionen
- Tools zur persönlichen Wissensorganisation und Vernetzung

www.entschieden-intelligenter.de

Springer für Professionals

Harald Gleißner • J. Christian Femerling

Kompakt Edition: Transport

Elemente – Management – Märkte

Harald Gleißner
Hochschule für Wirtschaft und Recht
Berlin
Deutschland

J. Christian Femerling
Investa Holding GmbH
Eschborn
Deutschland

ISBN 978-3-658-10395-8　　　　　ISBN 978-3-658-10396-5 (eBook)
DOI 10.1007/978-3-658-10396-5

Die Deutsche Nationalbibliothek verzeichnet diese Publikation in der Deutschen Nationalbibliografie; detaillierte bibliografische Daten sind im Internet über http://dnb.d-nb.de abrufbar.

Springer Gabler
© Springer Fachmedien Wiesbaden 2016
Das Werk einschließlich aller seiner Teile ist urheberrechtlich geschützt. Jede Verwertung, die nicht ausdrücklich vom Urheberrechtsgesetz zugelassen ist, bedarf der vorherigen Zustimmung des Verlags. Das gilt insbesondere für Vervielfältigungen, Bearbeitungen, Übersetzungen, Mikroverfilmungen und die Einspeicherung und Verarbeitung in elektronischen Systemen.
Die Wiedergabe von Gebrauchsnamen, Handelsnamen, Warenbezeichnungen usw. in diesem Werk berechtigt auch ohne besondere Kennzeichnung nicht zu der Annahme, dass solche Namen im Sinne der Warenzeichen- und Markenschutz-Gesetzgebung als frei zu betrachten wären und daher von jedermann benutzt werden dürften.
Der Verlag, die Autoren und die Herausgeber gehen davon aus, dass die Angaben und Informationen in diesem Werk zum Zeitpunkt der Veröffentlichung vollständig und korrekt sind. Weder der Verlag noch die Autoren oder die Herausgeber übernehmen, ausdrücklich oder implizit, Gewähr für den Inhalt des Werkes, etwaige Fehler oder Äußerungen.

Lektorat: Susanne Kramer

Gedruckt auf säurefreiem und chlorfrei gebleichtem Papier

Springer Fachmedien Wiesbaden GmbH ist Teil der Fachverlagsgruppe Springer Science+Business Media (www.springer.com)

Vorwort

Transport und Lagerhaltung stellen die Kernfunktionen der Logistik dar. In einer globalen arbeitsteiligen Wirtschaft hat der Transport heute eine Bedeutung erhalten, die als Schlüsselrolle für das Funktionieren, das Zusammenspiel, den wirtschaftlichen Erfolg von Volkswirtschaften und darüber hinaus für das gesamte weltweite Gesellschaftssystem anzusehen ist.

Funktionierende Transportsysteme sind in der gesamten Menschheitsgeschichte bis heute die Erfolgsfaktoren für die Verbindung der Länder und Kontinente, für Handel und damit für Prosperität und die Entwicklung der Welt insgesamt.

Der Transport hat im Zuge der Industrialisierung seinen festen Platz in den Wirtschaftssystemen gefunden. Damit einher ging eine Ausdifferenzierung der Verkehrsträger Binnen- und Seeschifffahrt, Straße, Bahn, Luftfahrt, Rohrleitung und die jeweils rasante technologische Entwicklung und Effizienzsteigerung der dafür erforderlichen Transportmittel.

Globalisierung und internationale Vernetzung in dem heutigen Ausmaß sind ohne Transport nicht denkbar. Die Digitalisierung der Welt ist dabei eine komplementäre Entwicklung. Sie ersetzt den Transport nicht, sondern ist zum notwendigen Instrument geworden, um die Visibilität von Transportströmen zu erhöhen, die Volatilität des Transportaufkommens abzufedern und die Effizienz der Transportleistung insgesamt sicherzustellen. Transport ist heute ein Schlüsselelement moderner Logistiknetze und so zentraler Bestandteil des Supply Chain Management.

Diese Erkenntnis macht eine umfassende Sichtweise des Themas Transport erforderlich, wie es das vorliegende Lehrbuch aus der Reihe der Kompakt Edition verfolgt. Zielgruppen sind Studierende und Auszubildende in der Logistik und dem Transport, die sich erstmalig hiermit, in diesem Fall mit den Inhalten des Transports, beschäftigen. Dies schließt allerdings nicht aus, dass auch bereits mit der Materie Vertraute einen aktuellen Überblick und idealerweise auch Anregungen erhalten. In diesem Sinne wünschen wir allen Lesern eine interessante Auseinandersetzung mit diesem Buch.

Die Grundlage dieser Kompakt Edition ist das Lehrbuch der Autoren „Logistik: Grundlagen – Übungen – Fallbeispiele" (2., aktualisierte und erweiterte Auflage, Wiesbaden 2012), was auch in englischer Sprache unter dem Titel „Logistics: Basics – Exercises – Case Studies" vorliegt.

Die Autoren danken Herrn Falko Bieske für die redaktionelle Unterstützung bei der Erstellung des Buches und Frau Susanne Kramer vom Verlag Springer Gabler für die inzwischen langjährige sehr gute Zusammenarbeit.

Harald Gleißner
J. Christian Femerling

Inhaltsverzeichnis

1 Einführung	1

Teil I Elemente des Transports

2	**Grundlagen des Transports**	5
	2.1 Begriffliche und inhaltliche Grundlagen	5
	2.2 Entwicklungen und Bedeutung des Transports	7
3	**Transportmittel und -techniken**	9
	3.1 Straßengütertransport	9
	3.2 Schienengütertransport	11
	3.3 Seefrachttransport	16
	3.4 Binnenschifftransport	18
	3.5 Luftfrachttransport	20
	3.6 Rohrleitungstransport	24
4	**Transportinfrastruktur und -suprastruktur**	27
	4.1 Verkehrsinfrastruktur und Verkehrswege	27
	4.2 Flughäfen	28
	4.3 See- und Binnenhäfen	28
	4.4 Bahnhöfe und Bahnanlagen	29
	4.5 Terminal- und Umschlaganlagen	30
	4.6 Informations- und Kommunikationsinfrastruktur	31

Teil II Management des Transports

5	**Transportplanung**	35
	5.1 Transportnetzplanung	35

		5.1.1	Linien- und Ringstrukturen	35
		5.1.2	Rasternetze	36
		5.1.3	Sternstrukturen und Hub-and-Spoke-Netze	37
		5.1.4	Hybride Netzstrukturen	38
	5.2	Transportkettenplanung		39
		5.2.1	Standardtransportketten	39
		5.2.2	Intermodale-/multimodale Transportketten	41
		5.2.3	Globale Transportketten	42
	5.3	Transportmittel- und wegeplanung		42
		5.3.1	Transportmittelwahl	42
		5.3.2	Transportwegeplanung	43
	5.4	Touren- und Tourgebietsplanung		44
		5.4.1	Planungsprobleme und -determinanten	44
		5.4.2	Verfahren und Lösungsansätze	44
		5.4.3	Tourenplanungssysteme	46
	5.5	Transportmitteleinsatzplanung		46
		5.5.1	Transportdisposition	46
		5.5.2	Transportsteuerung und -verfolgung	47
		5.5.3	Transportcontrolling und Fuhrparkmanagement	48
	5.6	Transportkonsolidierung		48
		5.6.1	Ladungs- und Empfängerkonsolidierung	48
		5.6.2	Transitpunkt und Gebietsspediteurkonzept	49
		5.6.3	Konsolidierungs- und Güterverkehrszentren	51
		5.6.4	Citylogistik-Konzepte	52
		5.6.5	Liefer- und Transportkonditionen	52
6	**Transportleistungserstellung**			55
	6.1	Programm- und Leistungsgestaltung		55
		6.1.1	Leistungsbreite	55
		6.1.2	Leistungstiefe	56
	6.2	Leistungserstellung		56
		6.2.1	Produktionsfaktoren und Produktionsbedingungen	56
		6.2.2	Leistungserstellungsprozess	58
		6.2.3	Potenzialgestaltung und Kapazitätsplanung	59
	6.3	Kosten und Kostenstrukturen		60
		6.3.1	Transportkostenarten	60
		6.3.2	Transportkostenstrukturen	62
		6.3.3	Transportkostenfunktionen	63

Teil III Transportmärkte

7 Charakteristika und Rahmenbedingungen 67
   7.1 Einordnung der Transportmärkte 67
   7.2 Akteure im Transportmarkt 68
   7.3 Wettbewerbsbedingungen und Marktsituation 70
   7.4 Marktsegmente und Transportprodukte 73
       7.4.1 Segmentierungskriterien 73
       7.4.2 Stückgut- und Massenguttransporte 74
       7.4.3 Sammelladungen 75
       7.4.4 Teil- und Komplettladung 77
       7.4.5 KEP-Dienstleistungen 77
       7.4.6 Grenzüberschreitende und internationale Transporte 79
       7.4.7 Sonstige Transporte 79
   7.5 Verkehrspolitische Grundlagen 80
       7.5.1 Rahmenbedingungen der Verkehrspolitik 80
       7.5.2 Verkehrskorridore 82
       7.5.3 Verkehrsaufkommen und Wertschöpfungsbeitrag 83

8 Transport-Branchenlösungen 87
   8.1 Branchenlösungen von Industriegütertransporten 87
       8.1.1 Automobil- und -zulieferindustrie 87
       8.1.2 Elektronikindustrie 88
       8.1.3 Chemieindustrie 88
   8.2 Branchenlösungen von Konsumgütertransporten 88
       8.2.1 Stationärer Handel 88
       8.2.2 Textilhandel 89
       8.2.3 Versand- und Internethandel 90

9 Markttransaktionen 91
   9.1 Auftragsakquisition und Auftragsmanagement 91
       9.1.1 Ausschreibung 91
       9.1.2 Vergabe 92
   9.2 Vertrags- und Kundenmanagement 93
       9.2.1 Vertragsrechtliche Grundlagen 93
       9.2.2 Kundenmanagement 94
   9.3 Preisbildung und Preispolitik 95
       9.3.1 Transportpreise und Frachtraten 95
       9.3.2 Preisbestimmung und Kalkulationsverfahren 97
       9.3.3 Preisdifferenzierung und Ertragsmanagement 100

9.4	Transportkooperation und -koordination		102
	9.4.1	Formen von Transportkooperationen	102
	9.4.2	Transport- und Frachtenbörsen	103
	9.4.3	Transportplattformen	104

Literatur 107

Sachverzeichnis 113

Abkürzungsverzeichnis

ADSp	Allgemeine Deutsche Spediteurbedingungen
AEG	Allgemeine Elektricitäts-Gesellschaft
AG	Aktiengesellschaft
B2B	Business to Business
B2C	Business to Consumer
BAB	Betriebsabrechnungsbogen
BDF	Bundesverband des Deutschen Güterfernverkehrs e. V.
BGL	Bundesverband Güterkraftverkehr und Logistik
BIP	Bruttoinlandsprodukt
BSL	Bundesverband Spedition und Logistik
CMR	Contract des Transports International des Marchandises par Route
COTIF	Convention relativ aux Transports Internationaux Ferroviaires
CRM	Customer Relationship Management
e. V.	eingetragener Verein
ECR	Efficient Consumer Response
EG	Europäische Gemeinschaft
ERMTS	European Railway Transport Management System
ERP	Enterprice Resource Planning
EU	Europäische Union
GFT	Güterfernverkehrstarif
Glonass	Globalnaja Nawigazionnaja Sputnikowaja Sistema
GNT	Güternahverkehrstarif
GPS	Global Positioning System
GSM-R	Global System for Mobile Communication Railways
GüKG	Güterkraftverkehrsgesetz
GVZ	Güterverkehrszentrum
HGB	Handelsgesetzbuch
IATA	International Air Transport Association

IBM	International Business Machines
ICAO	International Civil Aviation Organization
INCOTERMS	International Commercial Terms
IP	Internet Protokoll
ISO	International Standards Organization
IT	Informations -Technologie
JIT	Just-in-Time
KEP	Kurier-, Express- und Paket (-dienste)
KFZ	Kraftfahrzeug
KLV	Kombinierter Ladungsverkehr
KV	Kombinierter Verkehr
LKW	Lastkraftwagen
lmi	leistungsmengeninduziert
lmu	leistungsmengenneutral
MTO	Multimodal Transport Operator
OEM	Original Equipment Manufacturer
RFI	Request for Information
RFQ	Request of Quotation
RKT	Reichskraftwagentarif
ROI	Return on Investment
RoRo	Roll on, Roll off
SB	Selbstbedienung
TCO	Total Cost of Ownership
TEU	Twenty Foot Equivalent Unit
VMI	Vendor Managed Inventory
WTO	World Trade Organization

Abbildungsverzeichnis

Abb. 3.1	Unterscheidungsmerkmale des Straßengüterverkehrs.........	10
Abb. 3.2	Transportmittel im Straßengüterverkehr...................	11
Abb. 3.3	Güterwagen der Bahn................................	13
Abb. 3.4	Produkte des Schienengüterverkehrs.....................	14
Abb. 3.5	Schiffsgenerationen im Containerverkehr..................	17
Abb. 3.6	Wesentliche Formen der Binnenschifffahrt................	19
Abb. 3.7	Transportmittel der Binnenschifffahrt....................	20
Abb. 3.8	Flugzeugtypen......................................	22
Abb. 3.9	Luftfrachtcontainer..................................	23
Abb. 3.10	Beladeprofile von Nur-Frachtmaschinen..................	23
Abb. 5.1	Formen von Netzstrukturen............................	36
Abb. 5.2	Netzkonfigurationen: Rasternetz........................	37
Abb. 5.3	Netzkonfigurationen: Hub-and-Spoke-Netze	38
Abb. 5.4	Kombination von Rasternetzen und Hub-and-Spoke-Netzen....	39
Abb. 5.5	Vor-, Haupt- und Nachlauf	40
Abb. 5.6	Aufbau von Transportketten	40
Abb. 5.7	Ladungs- und Empfängerakquisition.....................	49
Abb. 6.1	Ausgleichprogrammplanung...........................	57
Abb. 7.1	Einflussfaktoren auf den Markt.........................	69
Abb. 7.2	Entwicklung der Verkehrsmärkte in Deutschland............	72
Abb. 7.3	Segmentierungsmatrix des Logistikmarktes nach Objekt, Raum und Zeit......................................	73
Abb. 7.4	Positionierung der Unternehmenstypen im Transport-/Speditionswesen	76
Abb. 7.5	Wettbewerbsmatrix: Spediteur/Integrator..................	78
Abb. 7.6	TEN-Korridore der EU	83
Abb. 7.7	Wirtschaftsräume in Europa – Die Blaue Banane............	84

Abb. 7.8 Entwicklung Güterverkehrsaufkommen
und -leistung bis 2050 85
Abb. 9.1 Preis und Kapazitätssteuerung. 101

Tabellenverzeichnis

Tab. 3.1	Charakteristika des Straßengüterverkehrs	10
Tab. 3.2	Charakteristika des Schienengüterverkehrs	12
Tab. 3.3	Wagengattungen der Deutschen Bahn	14
Tab. 3.4	Charakteristika des Seefrachtverkehrs	16
Tab. 3.5	Charakteristika der Binnenschifffahrt	18
Tab. 3.6	Charakteristika des Luftfrachtverkehrs	21
Tab. 3.7	Charakteristika des Rohrleitungsverkehrs	25
Tab. 5.1	Charakteristika des kombinierten Verkehrs	41
Tab. 5.2	Determinanten der Tourenplanung	45
Tab. 5.3	Nutzenpotenziale der Tourenplanung	47
Tab. 7.1	Merkmale von Transportmärkten	68
Tab. 7.2	Weitere gängige Segmentierungskriterien	74
Tab. 7.3	Teilmärkte der Logistikdienstleistungswirtschaft	75

Einführung 1

Transport bedeutet Raumveränderungen von Waren, Gütern und Personen und somit elementarer Bestandteil des Lebens und Wirtschaftens. Es bildet in entwickelten Volkswirtschaften das Rückgrat von Logistiksystemen und Supply Chain-Konzepten. Wirtschaftlich zählt der Transport- und Logistiksektor mittlerweile zu den Schlüsselbranchen mit vergleichbaren Umsätzen am Bruttosozialprodukt und Beschäftigungszahlen wie die Automobil- oder Chemieindustrie. Unabhängig davon ist die Wahrnehmung des Transportsektors in der Öffentlichkeit stark geprägt durch die Tatsache, dass ihm, neben den privaten Haushalten, die stärkste Umweltbelastung zugeschrieben werden muss.

Damit wird offensichtlich und notwendig, sich mit den Aspekten des Transports umfassend zu beschäftigen und auseinander zu setzen. Zielsetzung dieses Buches ist es, dem Leser Grundlagen und damit ein Grundverständnis des Transports zu vermitteln.

Teil I behandelt die Elemente des Transports, worunter die Transportobjekte zu verstehen sind. Neben Personen sind dies vor allem Waren, Güter und die damit einhergehenden Ströme, die als Transportobjekte gesehen werden und im Mittelpunkt der Ausführungen stehen. Da Personentransporte zahlreiche Unterschiede und Besonderheiten im Vergleich zu Waren- und Güterströmen aufweisen und in der Regel auch eine eigene Disziplin darstellen, soll auf diese Transport*objekte* oder besser -*subjekte* hier nicht näher eingegangen werden. Vielmehr wird auf die einschlägige Literatur verwiesen.

Teil II beschäftigt sich mit dem Management des Transportes. Hierbei stehen einerseits die Vielfalt der Planungsinhalte in Form von Transportketten- und -netzplanung, die Transportmittel-/-wegeplanung, die Touren- und Tourengebietsplanung sowie andererseits der Leistungserstellungsprozess im Mittelpunkt. Neben den technischen werden die betriebswirtschaftlichen Aspekte analysiert. Technik, Leistung und Vermarktung leiten zu den Transportmärkten über.

Teil III befasst sich mit den Transportmärkten, ihren Rahmenbedingungen, den Akteuren auf diesen Märkten, ihren einzelnen Segmenten mit den jeweilgen Transportprodukten und -konzepten einschließlich vorhandener Branchenlösungen. Darüber hinaus werden die auf den jeweiligen Transportmärkten stattfindenden Transaktionen und Austauschbeziehungen zwischen den Akteuren mit den Prozessen des Auftrags-, Vertrags- und Kundenmanagements sowie der Preisbildung und Preispolitik dargestellt. Formen der akteursübergreifenden Erstellung von Transportleistungen in Form von Kooperationen und Koordinationskonzepten schließen die Ausführungen ab.

Dem Leser sollen auf diese Art und Weise die wesentlichen Elemente des Transports, seine Managementaufgaben, wie auch die Märkte, auf denen die vielfältigen Transportleistungen erstellt und ausgetauscht werden, vorgestellt werden. Er soll damit in die Lage versetzt werden, neben den Grundlagen und Elementen, die Wirkungen, die mit Transport verbunden sind zu verstehen und in einen übergeordneten Zusammenhang einzuordnen. Verweise auf die dabei berücksichtigte Literatur finden sich im Anhang.

Teil I
Elemente des Transports

Grundlagen des Transports 2

2.1 Begriffliche und inhaltliche Grundlagen

Transporte erfolgen in Transportsystemen. Ein *Transportsystem* besteht aus den Elementen Transportgut (Transportobjekt), eingesetztes Transportmittel (Verkehrsträger, Verkehrswege) und dem Transportprozess als Ablauforganisation des Transports (Transportkette, Transportnetze) (Pfohl 2000, S. 162). Ergebnis des Leistungserstellungsprozesses in einem Transportsystem sind *Transportleistungen*. Transportleistungen bewirken Ortsveränderung von Personen oder Gütern.

Zu unterscheiden sind zum einen *innerbetriebliche* Transportleistungen, die z. B. innerhalb eines Produktionsstandortes oder zwischen verschiedenen Bereichen eines Lagerhauses stattfinden. Dieses Bewegen innerhalb begrenzter Räume ist präziser auch als Fördern zu bezeichnen. Zum anderen gibt es *außerbetriebliche* Transportleistungen zwischen Lieferanten und Kunden oder zwischen Produktionsstandorten und Lagerhäusern (Gudehus 1999, S. 664; Pfohl 2000, S. 162; Schulte 2013, S. 153), wie sie in diesem Buch im Mittelpunkt stehen sollen.

Kriterien einer Transportleistung sind der Bereitstellungs- und Bestimmungsort sowie das Transportobjekt. Während des Transportvorgangs erfolgt grundsätzlich keine Veränderung des Transportgutes, d. h. es findet nur der technische Prozess der Ortsveränderung statt. Denkbar sind aber Veränderungen des Transportgutes durch Reifeprozesse ohne manipulativen Eingriff. Bei der Leistungserstellung können auch Leertransporte auftreten. Dann finden Transportprozesse ohne Transportgut statt.

Die Erstellung von Transportleistungen kann von unterschiedlichen Akteuren erbracht werden (vgl. Kap. 7.2). Für die Erstellung von Transportleistungen sind *Transportmittel* einzusetzen. Es lassen sich ortsfeste und ortsungebundene Transportmittel unterscheiden. Bei ortsfesten Transportmitteln handelt es sich um innerbetriebliche Förder- und Transportmittel, die ausschließlich in Knoten, wie

Lager- oder Umschlageinrichtungen, von Transportnetzen eingesetzt werden. Zu den ortsungebundenen Transportmitteln gehören *Fahrzeuge*, mit denen Transporte zwischen Netzknoten durchgeführt werden (Isermann 1994, S. 1095). Die dafür eingesetzten *Transportmittel* sind die des Straßengüter-, Schienengüter- und Luftverkehrs sowie der Schifffahrt, die auch als *Verkehrsträger* bezeichnet werden. Die *Verkehrsmittel* dieser Verkehrsträger sind LKW, Eisenbahnwaggons, Flugzeuge sowie Binnen- und Seeschiffe. Verkehrsträger und -mittel in einer Einheit von Verkehrsträger und -mittel bilden Rohrleitungs- bzw. Pipelinenetze.

Trotz vieler Definitionen ist das Begriffsverständnis von *Transport* sehr heterogen. Dies liegt zum einen an der inhaltlichen Vielfalt von der Funktion Transport, zum anderen an der sprachlich in den meisten Fällen synonymen Verwendung von *Transport* und *Verkehr* (Ihde 2001, S. 6). Dies gilt sowohl in der wissenschaftlichen Literatur als auch für die betriebliche Praxis.

Für die Abgrenzung von Transport und Verkehr hilfreich ist die Sichtweise von Ihde, der *Transport, Verkehr und Logistik* in seinem gleichnamigen Lehrbuch in Beziehung zueinander setzt und Transportphänomene als „eine echte Untermenge der Verkehrsvorgänge" sieht und diese wiederum als „Untermenge der logistischen Prozesse" (Ihde 1984, S. XI).

Sprachlich werden häufig Begriffspaare verwendet, bei denen Transport und Verkehr einheitlich auftreten, wie z. B. *Verkehrs- und Transportsektor oder Verkehrs- und Transportwirtschaft* und in den meisten Fällen das gleiche ausgedrückt werden soll. Zu beachten ist, dass von *Transportobjekt* gesprochen wird, wohingegen der Begriff *Verkehrsobjekt* nicht vorzufinden ist. Vielmehr spricht man von *Verkehrssubjekt*, bezogen auf den Personenverkehr und meint, aufgrund des Vorliegens eines physischen Objektes, damit aber nicht ein *Transportsubjekt*.

Wichtige Unterscheidungen sind bei den Begriffen *Transportmittel* und *Verkehrsträger* zu machen: So werden die Begriffe *Transportmittel und Verkehrsmittel* (Straßen-, Schienen-, Wasserfahrzeuge, Flugzeuge) (vgl. Kap. 3) synonym verwendet. Die Verbindung von diesen mit der *Verkehrsinfrastruktur* (nicht Transportinfrastruktur) in Form von Verkehrswege, Verkehrsstationen führt zu den jeweiligen *Verkehrsträgern* (nicht Transportträger). Transportmittel sind wiederum den *Verkehrswegen* (nicht Transportwegen) zugeordnet (vgl. Kap. 4.1).

In den folgenden Ausführungen wird versucht, überall dort den Begriff Transport zu verwenden, wo der Begriff eindeutig zutrifft und nur in Ausnahmen soll ein Verweis auf Verkehr hergestellt werden. Dies immer dann, wenn eine eindeutige Unterscheidung besteht oder sich die Begriffsanwendung in der Praxis durchgesetzt hat.

2.2 Entwicklungen und Bedeutung des Transports

Transport- und Verkehrsleistungen als Bestandteile von Wertschöpfungsprozessen ermöglichen erst gemeinsam arbeitsteilige Produktions- und grenzüberschreitende Konsumtionsprozesse und damit *Gütermobilität*. Gütermobilität kann durch die Größen des Gütertransports *Transportaufkommen*, *Transportleistung* und *Transportfahrleistung* bestimmt werden (Kummer 2010a, S. 71–74):

- Das Transportaufkommen ist die Menge der transportierten Güter in Tonnen (t) oder das Volumen in Kubikmeter (m^3),
- Die *Transportleistung* ergibt sich aus der Multiplikation des Transportaufkommens und der zurückgelegten Entfernung und wird in Tonnenkilometern (t-km) oder, eher seltener verwendet, in Volumenkilometern (m^3-km) angegeben,
- Die *Fahrleistung* wird in Fahrzeugkilometern (Fz-km) ausgedrückt und beschreibt die zurückgelegte Entfernung bei gegebener Kapazität der Verkehrsmittel und deren Auslastung.

Die Entwicklung und Bedeutung des Transports ist auf die gestiegene, vor allem auch internationale Arbeitsteilung (*Reduzierung der Fertigungstiefe*) zurückzuführen. Sie nimmt weiter zu, was einen starken Anstieg der zwischenbetrieblichen Warenflüsse zur Folge hat. Die Zunahme der Arbeitsteilung führt zu einem Anstieg des Güterverkehrsaufkommens (gemessen in t) und der Güterverkehrsleistung (gemessen in tkm). Beide Kenngrößen wachsen überproportional zum Produktionswachstum (BIP).

Diese Entwicklung wird als *Gütermengeneffekt* bezeichnet (Ihde 2001, S. 59). Dabei nimmt der Anteil typischer Massengüter am Güterverkehrsaufkommen allerdings ab und der Anteil an hochwertigen Stückgütern aufgrund veränderter Beschaffungs- und Produktionsstrategien ständig zu. Als Beispiel für solche Strategien kann die Modularisierung von Produkten und die Beschaffung von solchen Modulen (Modular Sourcing) genannt werden, die den Wert der zu transportierenden Güter auf jeder Lieferstufe steigen lassen. Diese Entwicklung wird als *Güterstruktureffekt* beschrieben (Ihde 2001, S. 63).

Mit der zunehmenden arbeits- und standortteiligen Produktion von Gütern kommen Logistikkonzepte zur Anwendung, wie z. B. die produktionssynchrone Beschaffung (*JIT*) oder bestandsarme Distribution (*ECR*, *VMI*). Diese Konzepte stellen erhöhte Anforderungen an die Qualität von Transportleistungen, bspw. an eine hohe Termintreue, oder erfordern schnelle Transporte in kleinen Transportlosen bzw. den Transport von kleinen Sendungsgrößen bei hoher Transportfrequenz.

Auswirkungen, die sich daraus ergeben werden als *Logistikeffekt* bezeichnet (Aberle 2003, S. 94–95).

Die Öffnung nationaler Märkte im Rahmen von Freihandelszonen und WTO-Abkommen, verbunden mit der Ausweitung von Absatz- und Beschaffungsgebieten, sowie der Aufbau weltumspannender Produktionsnetze führen zum so genannten *Integrationseffekt* (Kummer 2010a, S. 127). Mit der fortschreitenden Globalisierung werden diese Effekte weiter verstärkt. Weltweite Beschaffung (Global Sourcing), internationale Produktionsnetze (Global Production) und weltweite Distribution (Global Distribution) sind die dabei von den Unternehmen verfolgten Strategien.

Diese Veränderungen lassen sich auch durch Veränderungen des *Modal Split* beschreiben. Der Modal Split gibt die Aufteilung der einzelnen Verkehrsträger auf den gesamten Gütertransport an. Dominiert wird der Modal Split durch den hohen Anteil des Straßengüterverkehrs. Er nahm in der Vergangenheit kontinuierlich zu, wohingegen der Gütertransport über Schiene und Binnenschiff stagnierte bzw. rückläufig war. Innerhalb der EU-25 ist der Güterverkehr in den letzten Jahren um durchschnittlich 2,8 % jährlich gewachsen. Der Straßenverkehr nahm mit 35 % überproportional zu und erreicht innerhalb der EU einen Anteil von ca. 45 %. Auf den Seeverkehr entfallen 40 %, aber nur 3,5 % auf die Binnenschifffahrt. Der Anteil des Schienenverkehrs liegt bei rund 10 % und konnte in letzter Zeit aufgrund der ersten Erfolge bei der europäischen Marktliberalisierung sowie neuer umweltpolitischer Zielsetzungen Anteile am Modal Split zurückgewinnen (Berenberg Bank 2006, S. 51).

In Deutschland verliefen die Steigerungsraten und Veränderungen des Modal Splits vergleichbar. Anders als in der EU wuchs der Schienenverkehr in den Jahren 2009 bis 2012 allerdings überproportional und konnte seinen Anteil am Modal Split auf 14,5 % erhöhen. Der Anteil des Straßengüterverkehrs ging auf 81,6 % zurück, während die Binnenschifffahrt bei 4 % stagnierte. Die Luftfracht hat zwar die geringste Transportmenge, gehörte in den letzten Jahren jedoch zu den wachstumsstärksten Transportmärkten (Berenberg Bank 2006, S. 51).

Der Modal Split wird wesentlich von dem beschriebenen Strukturwandel im Gütertransport beeinflusst. Dies ist vor allem auf den Bedeutungsverlust von Grundstoff- und Massenguttransporten sowie dem steigenden Anteil hochwertiger Konsum- und Investitionsgüter an der Gesamtheit der produzierten Güter zurückzuführen. Daraus folgt die zunehmende Bedeutung kleinteiliger und zeitkritischer Transporte. Diese Entwicklung wird durch verändertes Bestellverhalten zwischen Unternehmen (B2B), aber vor allem von Konsumenten (B2C) durch das Internet weiter voranschreiten (vgl. Kap. 8.2.3), was u. a. für die KEP-Branche starkes Wachstum bedeutet und den Ausbau der Paket- und Stückguttransportnetze beschleunigen wird (vgl. Kap. 7.4.5).

Transportmittel und -techniken 3

3.1 Straßengütertransport

Der Straßengüterverkehr ist der bedeutendste Verkehrsträger. Er verfügt mit rund 650.000 km Kraftverkehrsstraßen in Deutschland über das dichteste Netz in der EU und ist damit zur logistischen Bedienung der Fläche ohne Alternative. Der Straßengüterverkehr lässt sich mit den in Tab. 3.1 sowie Abb. 3.1 dargestellten Merkmalen charakterisieren.

Unter *gewerblichem Güterkraftverkehr* wird die geschäftsmäßige oder entgeltliche Beförderung von Gütern mit Kraftfahrzeugen verstanden. *Werkverkehr* hingegen ist die Durchführung von Transporten von Industrie- und Handelsunternehmen mit eigenen Fahrzeugen. Wichtigste Rechtsgrundlage bildet das Güterkraftverkehrsgesetz (GüKG) (vgl. Kap. 9.2).

Im *Straßengüterverkehr* kommen vielfältige Fahrzeuge zum Einsatz. Sie lassen sich nach unterschiedlichen Nutzlastklassen und Volumenmaßen unterscheiden und reichen vom Kleintransporter über den Lkw (Motorwagen und Anhänger) bis zum Sattelzug (Zugmaschine und Auflieger). Die gängigsten Kategorien der Transportmittel im Straßengüterverkehr sind in Abb. 3.2 dargestellt.

Die Vielzahl von Nutzungsmöglichkeiten wird durch *Ladehilfsmittel* weiter erhöht. Als Ladehilfsmittel werden feste und austauschbare Gefäße verwendet. Zu erstgenannten zählen Aufbauten und Koffer, die eine höhere Transportsicherheit bei der Beförderung bieten als beispielsweise Plane und Spriegel. Sie sind auch die technische Voraussetzung für z. B. Kühl- und Gefahrguttransporte. Austauschbare, feste Ladehilfsmittel sind Wechselbrücken als genormte Gefäße, die über ausklappbare Stützen verfügen und vom LKW zur Lastaufnahme unterfahren werden können, womit ein Be- und Entladen unabhängig vom Transportfahrzeug erfolgen kann.

Tab. 3.1 Charakteristika des Straßengüterverkehrs. (Quelle: Gleißner und Femerling, 2012, S. 65)

- Hohe Netzbildungsmöglichkeit (d. h. eine gute Kopplung zwischen den Primärelementen im Verkehrssystem ist gegeben),
- Schnelligkeit in Kombination zu einem relativ geringen Transportrisiko (Direktanlieferung im Haus-zu-Haus-Verkehr, keine oder nur bedingte Notwendigkeit zur Umladung und/oder Zwischenlagerung),
- rationale Bedienung der Fläche (in der Regel über Sammel-, Verteiler- und Zubringerverkehr),
- gütermengenspezifischer Einsatz von Fahrzeugen (Silo- und Kippfahrzeug, Kühl-, Tank-, Koffer- und Behältertransport, Sattelschlepper, Großraum- und Schwerlasttransport u. v. a. m.),
- Kosten- und Umweltoptimierung durch Nutzung des Huckepack-Systems mit der Bahn,
- bei längeren Transportwegen wird der Güterkraftverkehr im Auslandsgeschäft oft als erste und letzte Stufe eingesetzt, z .B. Vortransport vom Lieferanten (Befrachter) zum Seeschiff und Nachtransport vom Lösch-Hafen zum Abnehmer im Zielmarkt,
- relativ niedrige Stillstands- und Wartezeiten,
- hohe Flexibilität (im Hinblick auf die Annahme-, Ablieferungs- und Transporttermine und die Umdispositionsmöglichkeiten von Gütern und Transportmitteln,
- vielschichtige Wettbewerbsverhältnisse (sowohl innerhalb des Straßengüterverkehrs als auch gegenüber anderen Verkehrsträgern),
- Streitfrage: verursachungsgerechte Wegekostenbelastung.

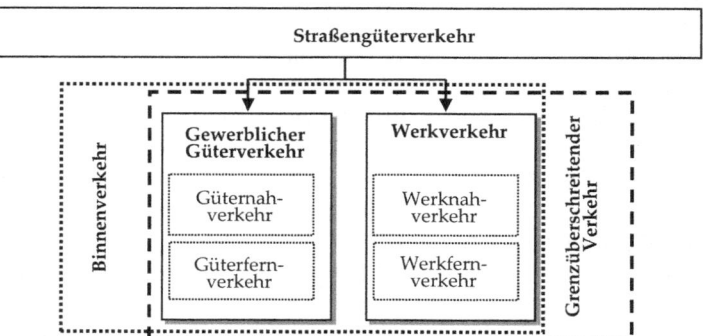

Abb. 3.1 Unterscheidungsmerkmale des Straßengüterverkehrs. (Quelle: Gleißner und Femerling 2012, S. 66)

3.2 Schienengütertransport

Die sehr hohe Anpassungsfähigkeit in Bezug auf unterschiedliche und wechselnde Aufgaben der Verlader bei höchstem Flächenerschließungsgrad hat den Straßengüterverkehr zum Verkehrsträger mit der höchsten Logistikaffinität werden lassen. Im Nahbereich und im Entfernungsbereich bis ca. 400 km ist der LKW national wie international deutlich schneller als die Bahn. Dies gilt insbesondere für direkte Haus-Haus-Relationen.

3.2 Schienengütertransport

Die Entwicklung der Eisenbahn ist wesentlich für die Industrialisierung und den Aufbau der rohstoffintensiven Industrien verantwortlich gewesen. Dabei kamen die Vorteile des Bahntransports in Form von Größenersparnissen bei massenhaften und weiträumigen Verkehren voll zur Geltung.

Transportrelevante, systemspezifische Charakteristika der Bahn im Güterverkehr sind in Tab. 3.2 zusammengefasst.

Transportmittel im *Eisenbahnverkehr* sind Schienenfahrzeuge. Neben Lokomotiven existiert eine Vielzahl von Güterwagen in unterschiedlicher Regel- und

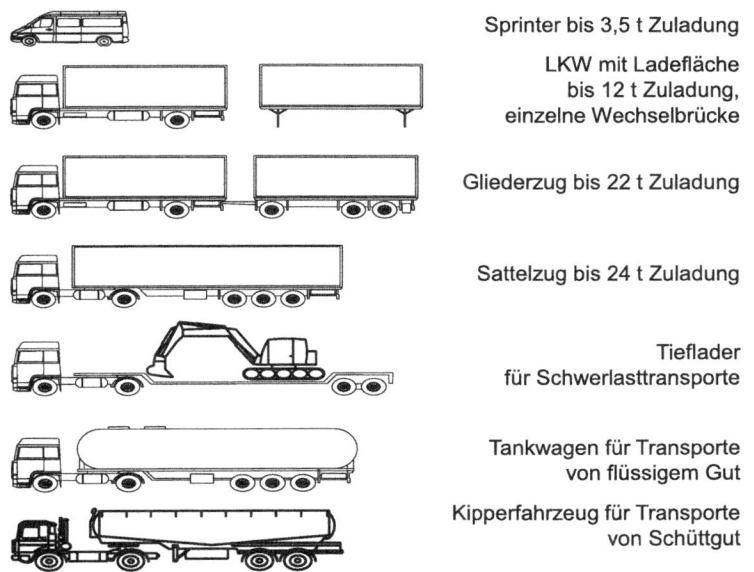

Abb. 3.2 Transportmittel im Straßengüterverkehr. (Quelle: Gleißner und Femerling 2012, S. 92)

Tab. 3.2 Charakteristika des Schienengüterverkehrs. (Quelle: Gleißner und Femerling 2012, S. 68)

- Hohe Massenleistungsfähigkeit und damit niedrige Einzelkosten der Produktion,
- Besonderer Eignung bei langem, direktem Landtransport,
- Eignung für fast jede Güterart (für wertvolle, großvolumige oder sperrige Güter, Massengüter, wenn keine günstigen Kanal- oder Flussverbindungen bestehen sowie für Güter, die nicht auf der Straße transportiert werden können bzw. dürfen),
- Schnelligkeit bei Ganz- und Direktzügen ohne Rangiervorgänge,
- Hohe Termintreue und -sicherheit aufgrund der Fahrplan- und Fahrtrassenbindung sowie der relativen Unabhängigkeit vom stoßweisen Verkehrsaufkommen auf der Straße, von Sonn- und Feiertagsverkehren und schlechten Witterungsverhältnissen,
- Sichere Transportabwicklung, gerade bei Gefahrguttransporten, relativ umweltfreundliche Transportmethode,
- Relativ geringe Netzdichte und damit begrenzte Haus-zu-Haus-Beförderungsmöglichkeiten, mit daraus wiederum folgenden kosten- und zeitintensiven Umschlags- sowie Umladeleistungen. Aber Subventionierung von Gleisanschlüssen bis zum Lager in Industriegebieten,
- Strenge Bindung an Fahrpläne und Zuglänge,
- Niedrige Beförderungsgeschwindigkeit (hoher Zeitbedarf), vor allem bei Einzelwagen aufgrund notwendiger Rangierleistungen für Zugbildung und Vorran des Personenverkehrs,
- Schwacher Wettbewerb durch eingeschränkte Marktfähigkeit ausländischer Eisenbahnen,
- Lange Grenzaufenthalte bei unterschiedlichen technischen Anforderungen der Länderbahnen.

Spezialbauart, ähnlich wie im Straßentransport auf das jeweilige Transportgut zugeschnitten. Die einzelnen Typen werden dabei nach sogenannten Gattungen unterschieden (vgl. Abb. 3.3 und Tab. 3.3). Die Güterwagen sind sowohl im Besitz der Bahngesellschaften wie auch der verladenden Unternehmen. Darüber hinaus gibt es Vermietungsgesellschaften, die bei Bedarf Waggons zur Verfügung stellen.

Die Höhe der Beladung bei offenen Wagen/Waggon wird durch das *Lademaß* bestimmt. Ausschlaggebend dafür sind die so genannten Lichtraumprofile, die die Bahnstrecken begrenzen. Die Lichtraumprofile sind in den meisten europäischen Ländern gleich. Ausnahmen sind Frankreich, Italien und die Schweiz, wo kleinere Lademaße vorhanden sind, weil geringere Lichtraummaße als Normen herrschen, u. a. wegen der ausgeprägten Tunneldecken in Zusammenhang mit den Alpen.

Die systemspezifischen Eigenschaften des Schienengüterverkehrs ermöglichen die Erstellung und das Angebot unterschiedlicher Produktleistungen, die in Abb. 3.4 dargestellt sind (Berndt 2001, S. 18–40; Meier et al. 2013, S. 169–177).

Unter *Wagenladungsverkehr* versteht man eine größere Gütermenge, die als geschlossene Ladung in einem Transportmittel (Standardwagen) transportiert wird.

3.2 Schienengütertransport

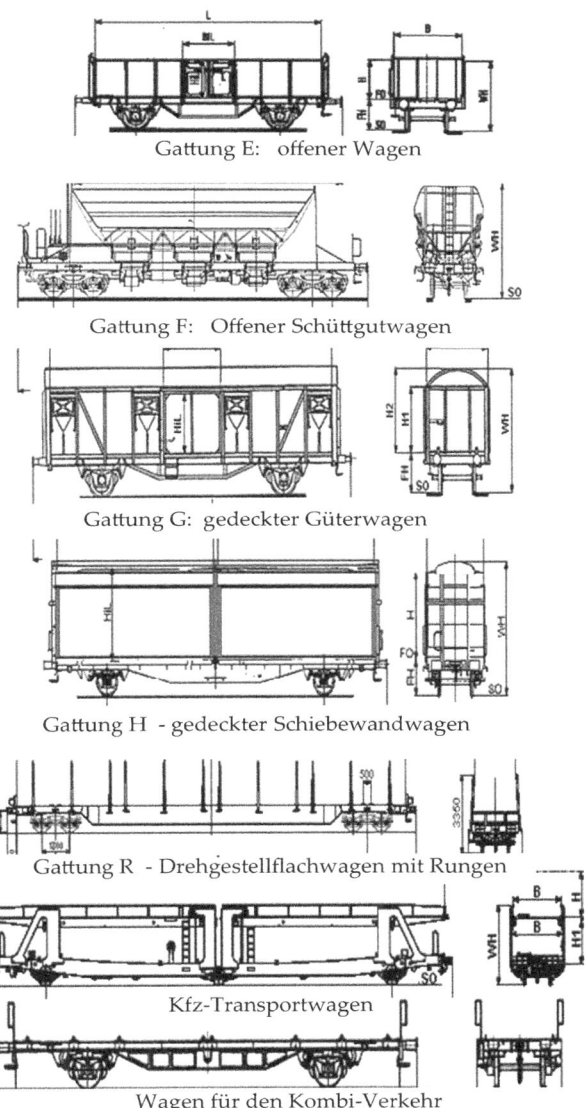

Abb. 3.3 Güterwagen der Bahn. (Quelle: Gleißner und Femerling 2012, S. 94; Vgl. DB Schenker Rail Deutschland AG 2011)

Tab. 3.3 Wagengattungen der Deutschen Bahn. (Quelle: Gleißner und Femerling 2012, S. 93; Vgl. DB Schenker Rail Deutschland AG 2011)

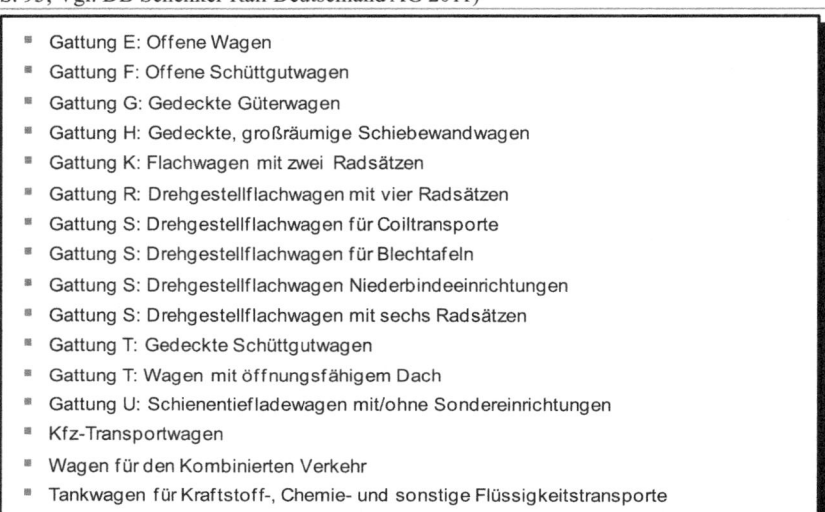

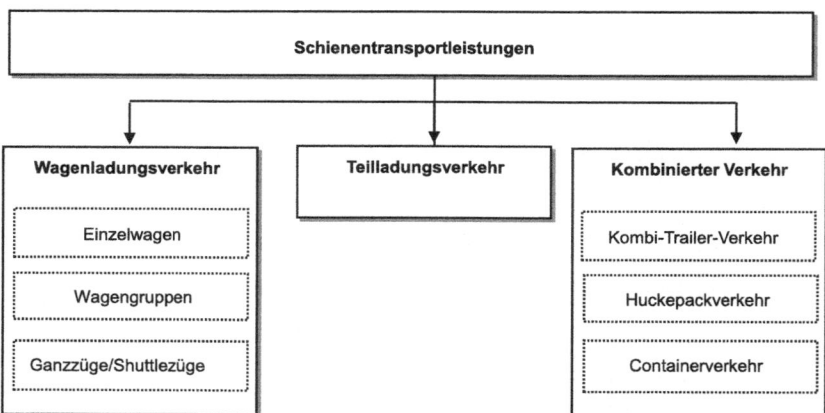

Abb. 3.4 Produkte des Schienengüterverkehrs. (Quelle: Gleißner und Femerling 2012, S. 70)

3.2 Schienengütertransport

Typische Wagenladungsgüter sind land- und forstwirtschaftliche Erzeugnisse, Düngemittel, Kohle, Erze, Steine und Erden.

Beim *Einzelwagenverkehr* handelt es sich um vom Kunden, zumeist mit eigenem Gleisanschluss, beladene, einzelne Wagen oder kleinere *Wagengruppen*, die von der Bahn zu deren Zielbahnhöfen befördert werden. Eine effektive Zugbildung erfolgt durch das Zusammenstellen von Wagen mehrerer Kunden für die gleiche Richtung.

Bei *Ganzzugverkehren* erfolgt der Transport großer Gütermengen eines Kunden in kompletten Zügen ohne Unterwegsbehandlung vom Versender zum Empfänger. Im Allgemeinen handelt es sich dabei um transportpreisempfindliche Massen- und Massenstückgüter ohne besondere zeitliche und wagentechnische Anforderungen, wie z. B. Rohstoffe und Produkte der Montanindustrie, Mineralölgesellschaften, Baustoffe.

Ganzzugverkehre in Form von *Shuttlezügen bzw. Direktzügen* sind qualitativ hochwertige Leistungen für die Verbindung von Produktionsstätten sowie für die Beschaffungs- und Distributionslogistik. Es handelt sich dabei um kundenindividuelle Leistungen durch entsprechende Fahrplangestaltung mit einer Garantie des termingenauen Transports. Shuttlezüge fahren auf Punkt-zu-Punkt-Verbindungen mit fester Wagengarnitur ohne sogenannte Gruppenzuführung, d. h., dass auf dem Transport keine weiteren Zugteile hinzugefügt werden.

Sendungsgrößen, die unterhalb von Wagenladungen liegen, werden als Teilladungen (vgl. Kap. 7.5.4) bezeichnet und im *Teilladungsverkehr* durchgeführt. Dazu gehören traditionelle Stückgutsendungen oberhalb des Paketgewichtes von 30 kg. Solche Sendungen werden in der Regel auf dem Ladungsträger Palette versandt. Anders als im Straßengüterverkehr existieren klassische Teilladungsverkehre im Bahnbereich allerdings kaum noch. Sie werden vielmehr als konsolidierte Komplettladungen im kombinierten Verkehr abgewickelt.

Der *Kombinierte Ladungsverkehr (KLV)* ist eine Transportleistung in Form von Ganzzügen oder Wagengruppen. Dabei kommen spezielle Tragwagen für Container, Wechselaufbauten und Auflieger zum Einsatz. Vorzüge des KLV liegen in der Schnelligkeit durch Nachtsprungverkehre, Ver- und Entladung im Produktions-/Lagerbereich und Nutzung der Behälter als Zwischen-/Pufferlager.

Eine weitere Form ist der *Kombinierte Verkehr (KV)*. Mit ihm werden Lkw, Anhänger und Wechselbrücken im Huckepackverkehr transportiert. Die Abwicklung in Deutschland erfolgt durch das Unternehmen Kombiverkehr Deutsche Gesellschaft für kombinierten Güterverkehr GmbH & Co. KG (kurz: Kombiverkehr).

Mit dem Übergang zu postindustriellen Wirtschaftsstrukturen (Gütermengen-, Güterstruktur-, Logistik- und Integrationseffekt) (vgl. Kap. 2.2) hat sich das Anforderungsprofil an die Eisenbahn stark verändert. Zudem hat die Bahn auf den Massentransportmärkten ihre frühere Monopolstellung gegenüber Binnenschiff- und Rohrleitungsverkehren sowie gegenüber dem Straßengüterverkehr verloren. Mit zunehmender Bedeutung von Umweltaspekten und mit sich verstärkenden

Engpässen im Straßensystem bekommt das System Bahn allerdings wieder eine wichtigere Rolle.

3.3 Seefrachttransport

Welthandel und internationale Arbeitsteilung sind eng mit der Entwicklung des Seeverkehrs verbunden. Mehr als 90 % des Welthandels wird mittels Seetransport abgewickelt (Biebig et al. 2008, S. 37). Der Seegütertransport ermöglicht den kostengünstigsten Transport von großen Gütervolumina auf langen Strecken. Die für die Beurteilung relevanten Charakteristika der Seeschifffahrt sind in Tab. 3.4 veranschaulicht.

Erheblichen Einfluss auf die positive Entwicklung des Seeverkehrs hat die zunehmende *Containerisierung* von Güter- und Warensendungen genommen. Der Vorteil der Container liegt in ihrer Standardisierung (ISO-Norm), durch die ein Umladen der Güter in ein Transportsystem entfallen kann und das Umsetzen von einem Verkehrsträger auf einen anderen innerhalb kurzer Zeit möglich ist.

Damit nimmt die Containerschifffahrt eine zentrale Rolle in der Seeschifffahrt ein und hat die zum Einsatz kommenden Transport- und Umschlagstechnologien sowie Schiffs(-größen-)entwicklungen wesentlich beeinflusst. Leistungsfähige Containerbrücken mit hohen Umschlagkapazitäten ermöglichen das Be- und Entladen der größten Containerschiffe innerhalb von wenigen Stunden. Die schnelle Entladung macht nur kurze Liegezeiten im Hafen notwendig, was die Hafenliegegebühren reduziert. Containerverkehre zeichnen sich insgesamt durch zügigere Umlaufzeiten als Seefrachtstückgut aus.

In der *Seeschifffahrt* wird das Transportmittel Seeschiff heute überwiegend als Containerschiff eingesetzt. Abhängig von den zu transportierenden Gütern kommen weiterhin Rohöltanker, Gastanker und Bulkschiffe zum Einsatz. Bulkschiffe

Tab. 3.4 Charakteristika des Seefrachtverkehrs. (Quelle: Gleißner und Femerling 2012, S. 74)

- Transport großer Gütervolumina möglich bzw. gegeben,
- Besondere Eignung für weite, interkontinentale Transportwege,
- Eignung für nahezu jede Güterart,
- Relativ günstiges Transportkosten- und -leistungsverhältnis (in € pro tkm),
- Recht hohe Transportsicherheit,
- Relativ geringe Transportgeschwindigkeit (hoher Zeitbedarf),
- Hohe Abhängigkeit von gegebenen Witterungsverhältnissen.

3.3 Seefrachttransport

entsprechen dem traditionellen Frachtschiff, das mit einzelnen Stückgütern beladen werden kann. Seine Bedeutung nimmt mit Ausweitung des weit rationeller abzuwickelnden Containerverkehrs zunehmend ab.

Es gibt eine Reihe unterschiedlicher Containerausführungen, wie z. B. (Brinkmann 2005, S. 233–238):

- Open-Top-Container (mit abnehmbarem Dach),
- Open-Side-Container (ohne Seitenwände),
- Platten-Container (ohne jeden Aufbau),
- Spezialcontainer (Tank, Schüttgut, Kühl).

Größte Bedeutung haben 20- und 40-Fuß-Container, deren Maße die Aufnahme von 14 bzw. 29 Euro-Paletten ermöglichen. Die Abmessung des 20-Fuß-Containers betragen $6{,}06 \times 2{,}44 \times 2{,}59$ (L × B × H in m; Außenmaß). Der 40-Fuß-Container misst $12{,}19 \times 2{,}44 \times 2{,}59$ (L × B × H in m; Außenmaß) und findet im Seegütertransport am häufigsten Anwendung. Auf den Lkw umgeladen ergibt ein 40-Fuß-Container einen Sattelauflieger.

Die gebräuchliche Maßeinheit im Containerverkehr erfolgt auf Basis der Abmessungen des 20-Fuß-Containers und wird in TEU gemessen. TEU steht für „Twenty Foot Equivalent Unit" und bedeutet beispielsweise, dass ein Containerschiff mit einer Kapazität von 10.000 TEU umgerechnet 5.000 40-Fuß-Container aufnehmen kann.

Die Entwicklung des Ladungsaufkommens und der Schiffsgrößen beeinflusst wiederum die Seeverkehrs- und *Seehafeninfrastruktur* erheblich, was dazu führt, dass nur noch einzelne Häfen in einer Region von den größten Containerschiffen angelaufen werden können (sogenannte Main Ports) und die Ver- und Entsorgung mit Ladungsaufkommen von kleineren Häfen und vom Hinterland zu diesen zentralen Häfen durch Feederdienste erfolgen muss. Als *Feederdienste* bezeichnet man kleinere, auch kanalgängige Containerschiffe, die von bzw. zu den großen

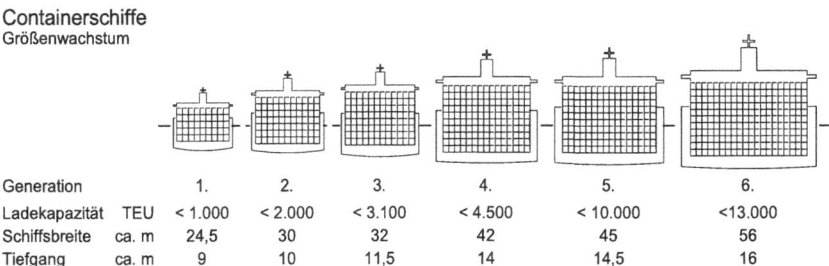

Abb. 3.5 Schiffsgenerationen im Containerverkehr. (Quelle: Gleißner und Femerling 2012, S. 96; Vgl. Nuhn 2005, S. 113)

Tab. 3.5 Charakteristika der Binnenschifffahrt. (Quelle: Gleißner und Femerling 2012, S. 80)

- Hohe Massenleistungsfähigkeit (geringe Kosten bei großen Gütermengen und großen Entfernungen)
- 24-Stunden Fahren durch Radareinsatz
- Freie Kapazitäten auf den Wasserstraßen
- Hohe Zuverlässigkeit und Transportsicherheit (auch im Gefahrgutbereich)
- Umweltfreundlich (geringer Energieverbrauch je Transporteinheit)
- Geringe Netzdichte
- Geringe Transportgeschwindigkeit
- Abhängigkeit von Witterungsverhältnissen (hohe/niedrige Wasserstände, Vereisung)

Übersee-Container-Häfen alle kleineren Seehäfen und küstenschifftaugliche Binnenhäfen bedienen (vgl. Kap. 4.3). In Abb. 3.5 sind die Schiffsgenerationen im Containerverkehr dargestellt.

3.4 Binnenschifftransport

Als wesentliche Formen der Binnenschifffahrt können *Massengüterschifffahrt*, *Stückgutschifffahrt* und *Fluss-/Seeschifffahrt* als eine Kombination von Binnen- und Seeschiffstransport unterschieden werden. Die maßgeblichen Charakteristika sind in Tab. 3.5 dargestellt. Die Bezeichnung Binnenschifffahrt wird im Kontext dieses Buches immer auf den Gütertransport bezogen.

Bei der *Massengutschifffahrt* werden überwiegend Rohstoffe und Vorprodukte in fester (Schüttgüter) und flüssiger (Tankgüter) Form transportiert (vgl. Kap. 7.4.2). Die Entwicklung von Schubschiffen ermöglicht eine größere Flexibilität beim Be- und Entladen sowie in der Zusammenstellung zu Fahrten, da die Transporteinheiten (Schubleichter) von der motorisierten Schubeinheit entkoppelt sind.

Die *Stückgutschifffahrt* mit ihren unterschiedlichen Schiffstypen, transportiert vor allem voluminöse Industrie- und Handelsgüter. RoRo (Roll-on-Roll-off)-Transporte sind Fährverkehre, bei denen Neufahrzeuge oder Lkw eigenständig auf die Schiffseinheiten hinauf und herunter fahren, was den Umschlag erheblich beschleunigt.

Die *Fluss-/Seeschifffahrt* bildet die Schnittstelle zwischen der reinen Binnenschifffahrt, also dem ausschließlichen Transport auf Flüssen und Kanälen, sowie dem Seeverkehr. Fluss-/Seeschiffe sind aufgrund ihrer Größe in der Lage auf offe-

3.4 Binnenschifftransport

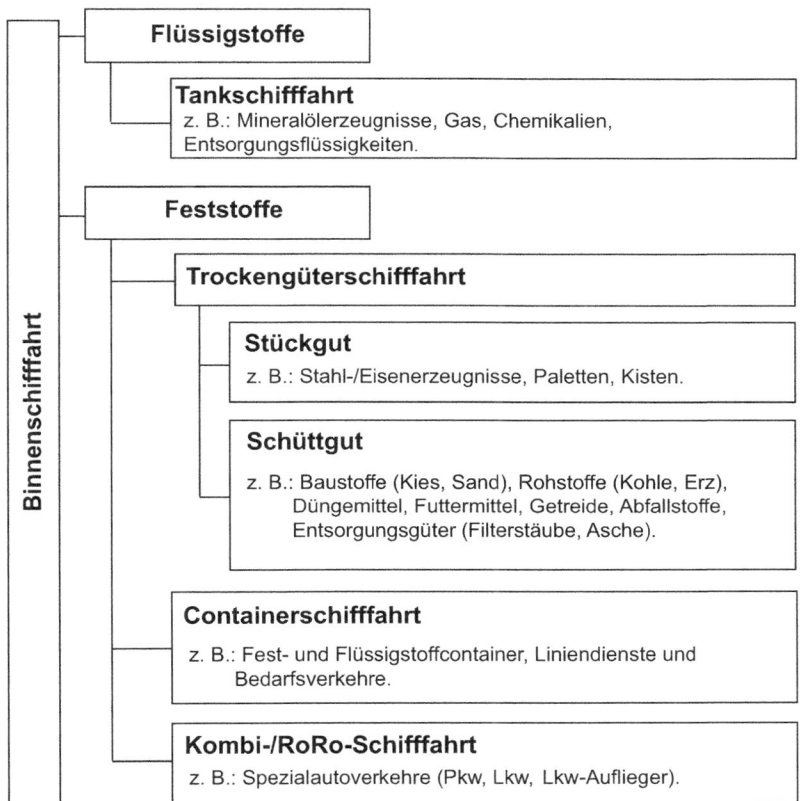

Abb. 3.6 Wesentliche Formen der Binnenschifffahrt. (Quelle: Gleißner und Femerling 2012, S. 79)

ner See (in Küstennähe; Short-Sea-Verkehre) und auf großen, erschlossenen Binnenwasserstraßen (z. B. der Rhein bis Duisburg) zu verkehren. Eine weitere alternative Differenzierung kann nach den in Abb. 3.6 aufgeführten Produktgruppen der Binnenschifffahrt vorgenommen werden.

Schiffstypen in der *Binnenschifffahrt* sind Motorschiffe, Schubschiffe, Schubleichter sowie Schleppschiffe, Schleppleichter und Schleppkähne. Weitere Wasserfahrzeuge sind Fluss-See-Schiffe, Fähren und RoRo-Schiffe (Gleißner und Femerling 2012, S. 78–83). Die einzelnen charakteristischen Transportmittel der Binnenschifffahrt sind in Abb. 3.7 dargestellt.

Wie auch bei der Seeschifffahrt wird der *Containerverkehr* in der Binnenschifffahrt immer bedeutsamer. Entsprechend wichtige Funktionen nehmen Binnenhäfen

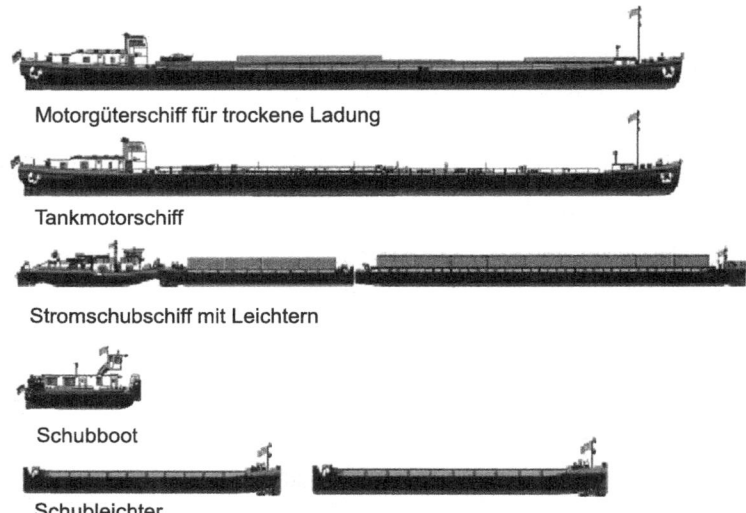

Abb. 3.7 Transportmittel der Binnenschifffahrt. (Quelle: Gleißner und Femerling 2012, S. 96; Vgl. Deutsche Binnenreederei 2007)

und Umschlageinrichtungen im Hinterland für die Warenbündelung bei Vor- und Nachlauf ein. Dabei werden verkehrsträgerübergreifende, d. h. multimodale (Straße/Schiene) und trimodale (Straße/Schiene/Binnenschiff) Hafenanlagen immer wichtiger, um die Abwicklung leistungsfähiger Transportketten und die Förderung des kombinierten bzw. multimodalen Verkehrs zu unterstützen (vgl. Kap. 4.3 und 4.5).

Die zukünftige Entwicklung der Binnenschifffahrt hängt vor allem vom Eintritt der Güterverkehrsprognose und den Auswirkungen auf den Modal Split ab. Der Modal Split wird mittlerweile stark von den Kapazitäten und der Umweltrelevanz der einzelnen Verkehrsträger bestimmt. Hierbei hat die Binnenschifffahrt einen Wettbewerbsvorteil (vgl. Kap. 2.2).

3.5 Luftfrachttransport

Die Bedeutung des Lufttransportes nimmt ständig zu. Dies ist zum einen auf den Aufbau globaler, interkontinentaler Logistikketten mit dezentralen Strukturen von Produktion und Distribution zurückzuführen. Zum anderen werden zunehmend hochwertige Güter aus Branchen, wie dem Maschinenbau (Maschinenteile), der Elektrotechnischen Industrie (PC, Tablets, Smart Phones etc.) und der Automobilbranche (Module, Ersatzteile) mit Luftfracht abgewickelt (vgl. Kap. 2.2). So weist

3.5 Luftfrachttransport

Tab. 3.6 Charakteristika des Luftfrachtverkehrs. (Quelle: Gleißner und Femerling 2012, S. 83)

- Kurze Transportzeiten in der Luft,
- Besondere Eignung bei langen Distanzen (interkontinentaler Transport),
- Hohe Transportkosten,
- Geringe Transportkapazitäten im Vergleich zu anderen Verkehrsträgern,
- Geringe Netzdichte aufgrund der Bindung an Flughafenstandorte,
- Abhängigkeit von Witterungsverhältnissen, insbes. bei Start und Landung.

die Luftfracht höhere Wachstumsraten als die Personenbeförderung (Passage) auf (Pompl 2007, S. 91). Wesentliche Merkmale der Luftfracht sind in Tab. 3.6 zusammengefasst.

Lufttransportleistungen bestehen aus den organisatorisch und institutionell getrennten Teilleistungen:

- Lufttransportleistungen, angeboten durch Fluggesellschaften,
- Luftverkehrskontrollsystemen, eingerichtet von der Flugsicherung,
- Flughafenleistungen, aufgebaut und betrieben von Flughäfen.

Das Angebot von Luftverkehrsleistungen wird im Wesentlichen von den Markt- und Produktionsbedingungen des Luftverkehrs bestimmt. Diese sind vor allen durch einen oligopolistischen Wettbewerb mit beschränktem Marktzutritt (vgl. Kap. 7.3), staatlichen Vorschriften und Verkehrsrechten, einer hohen Kapitalintensität sowie Erfüllung von Flugsicherungsanforderungen geprägt.

Bei der Transportleistung *Luftfracht* wird das Transportmittel Flugzeug in:

- Passagierflugzeuge,
- Quick-Change-Flugzeuge und
- Nurfrachter unterschieden.

Die Unterflur-Ladekapazitäten (Belly Kapazität) bei Passagierflugzeugen können für Gütertransport in begrenztem Maß genutzt werden. Bei kombinierten Passage-/Transportflugzeugen, sogenannten Kombis oder Quick-Change-Flugzeugen, wird neben der Belly Kapazität, durch teilweisen oder vollständigen Umbau der Passagierebene zu Frachtraum kurzfristig zusätzliche Gütertransportkapazität geschaffen. Nurfrachter hingegen sind reine Frachtflugzeuge, die ausschließlich für den Warentransport eingesetzt werden.

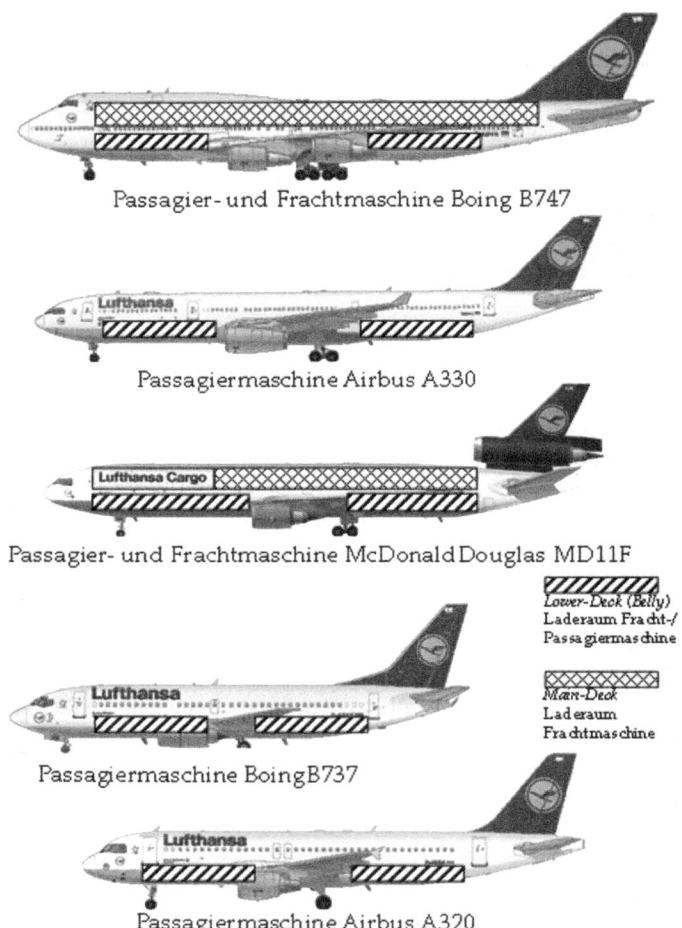

Abb. 3.8 Flugzeugtypen. (Quelle: Gleißner und Femerling 2012, S. 97; Vgl. Deutsche Lufthansa AG 2007)

Etwa 50 % des gesamten Luftfrachtaufkommens wird durch Frachtflugzeuge abgewickelt (Mensen 2007, S. 21). Abbildung 3.8 zeigt die unterschiedlichen Flugzeugtypen und ihre prinzipiellen Frachtkapazitäten.

Die besondere Form der Flugzeuge erfordert spezielle Ladehilfsmittel beim Lufttransport. Eine Auswahl gängiger Luftfrachtcontainer, die auf die Flugzeugformen angepasst sind, verdeutlicht Abb. 3.9.

3.5 Luftfrachttransport

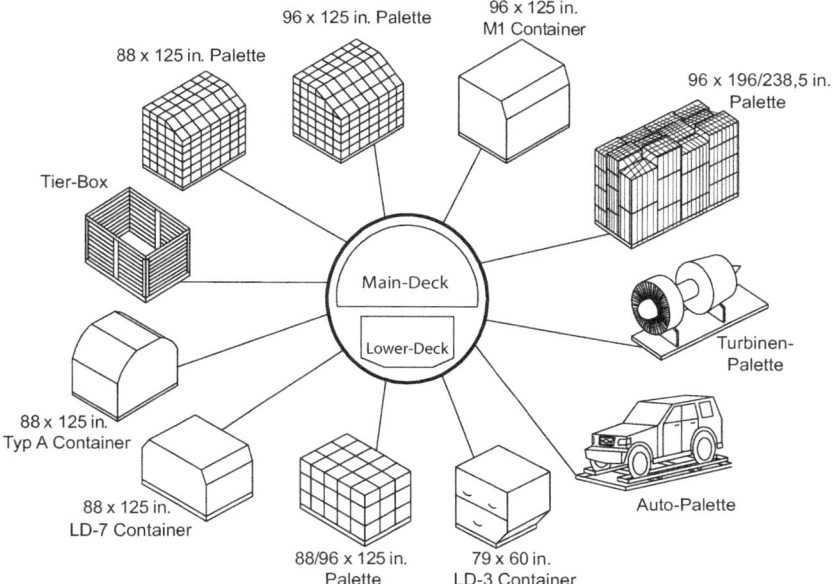

Abb. 3.9 Luftfrachtcontainer. (Quelle: Gleißner und Femerling 2012, S. 98; Vgl. Lufthansa 2005, o. S.)

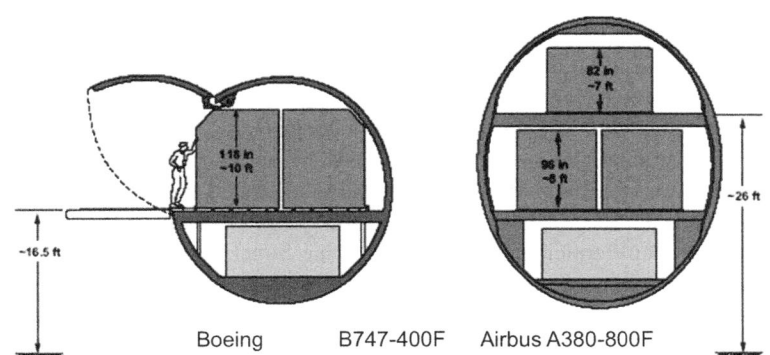

Abb. 3.10 Beladeprofile von Nur-Frachtmaschinen. (Quelle: Gleißner und Femerling 2012, S. 99; Vgl. Boeing 2006)

Abbildung 3.10 zeigt Beladeprofile von Frachtmaschinen auf zwei bzw. drei Ebenen. Die Frachtmaschinen werden dabei seitlich, von vorne oder von hinten beladen.

Die für den Transport bedeutsamen Luftfrachtleistungen lassen sich unterscheiden in die Segmente (Pompl 2007, S. 93–98):

- Linien- und Charterflüge im Personenverkehr (Belly Fracht),
- Frachtflugverkehr,
- Express-, Postflugverkehr (KEP-Dienste, Integrator) (vgl. Kap. 7.4.5).

Die jeweiligen Produktangebote werden durch Zeit-, Mengen- und Preisrestriktionen definiert. Für die Entscheidung des Einsatzes von Luftfracht relevant ist eine Gesamtkostenbetrachtung (Total Cost of Ownership, TCO), da die hohen Frachtraten wesentliche Einsparungen an anderer Stelle der Transportkette (u. a. Lagerkosten, Verpackung) sowie eine Erhöhung des Lieferservices und der Güterverfügbarkeit ermöglichen.

3.6 Rohrleitungstransport

Rohrleitungstransport erfolgt mittels Pipelines. Bei einer Pipeline handelt es sich um einen eigenständigen Verkehrsträger, wobei im Gegensatz zu den anderen Verkehrsträgern Verkehrsweg, Transportgefäß und Transportmittel eine Einheit bilden. Pipelines werden in Öl-, Gas- und Produktpipelines sowie andere Energie-Pipelines eingeteilt (Ihde 2001, S. 190–193; Heiserich et al. 2011, S. 103).

Ölpipelines sind Förder- und Fernleitungen. Die Förderleitungen besitzen nur einen relativ kleinen Durchmesser und werden nur mit geringem Druck, der durch Pumpen erzeugt wird, betrieben. Diese Rohrleitungen transportieren Erdöl von der Quelle zu zentralen Orten. Hier wird das Erdöl erstmals behandelt, um es von Gasen und Wasser zu befreien. Anschließend wird das Öl in Tanks gelagert. An diesen Tanklagern beginnen die Fernleitungen. Sie werden mit größerem Druck betrieben. In den Fernleitungen legt das Öl eine Strecke von mehreren hundert Kilometern zurück bis es im Hafen oder einer Raffinerie ankommt.

Der Transport von Gas in *Gaspipelines* ist ähnlich dem des Öls, unterscheidet sich jedoch in den Bedingungen der Durchführung und dem eingesetzten Equipment. So führen ebenfalls kleinere Leitungen vom Gasfeld in ein Gaswerk, wo das Gas von Fremdstoffen gereinigt wird. Nach diesem Reinigungsvorgang im Werk wird das Gas in die Fernleitung eingespeist. Im Gegensatz zu Ölpipelines sorgen

3.6 Rohrleitungstransport

Tab. 3.7 Charakteristika des Rohrleitungsverkehrs. (Quelle: Gleißner und Femerling 2012, S. 87)

- Hohe Massenleistungsfähigkeit, bestimmt durch Rohrquerschnitt und Fördergeschwindigkeit,
- Hohe Netzbildungsfähigkeit (meist direkte Verbindung vom Absender zum Empfänger),
- Hohe Zuverlässigkeit und somit Planbarkeit,
- Geringe Gefahr der Luft- oder Gewässerverunreinigung (bei fehlerfreier Konstruktion und reibungslosem Betrieb),
- Umweltfreundlich durch Emissionsvermeidung.

hier jedoch Kompressoren statt Pumpen entlang der Strecke für einen ausreichenden Druck in der Leitung, um das Gas zu transportieren.

Produktpipelines transportieren Mineralölprodukte, wie Benzin, Dieselkraftstoff und Heizöl, aber auch Nebenprodukte wie Vaseline, Paraffine, Bitumen, Petrolkoks, Leuchtöle und Schmierstoffe von den Raffinerien zu Lager- oder Verteilzentren. Produktpipelines sind, im Gegensatz zu Öl- und Gaspipelines, nicht auf ein bestimmtes Gut festgelegt. Vielmehr können in Produktleitungen mehrere unterschiedliche Produkte nacheinander oder sogar gleichzeitig transportiert werden.

Zu den *Energiepipelines* gehören sogenannte Zwei-Phasen-Pipelines, die meist als Förderleitungen zwischen Öl- bzw. Gasfeldern eingesetzt sind. Sie transportieren gleichzeitig Flüssigkeiten und Gase, die bei der Förderung zusammen auftreten. In Raffinerien und Werken am Fördergebiet werden die Produkte getrennt. Eine weitere Form von Energie-Pipelines sind Flüssig-Erdgas-Leitungen, die in speziellen Anlagen verflüssigtes Erdgas in einen Hafen zum Transport per Tanker befördern und es auch vom Tanker im Bestimmungshafen wieder aufnehmen. Ebenfalls zu den Energie-Pipelines gehören die selten eingesetzten Kohle-Schlamm-Leitungen. In diesen Pipelines wird in Wasser eingeleitete, fein zerkleinerte Kohle transportiert. Die maßgeblichen Charakteristika des Rohrleitungsverkehrs spiegeln sich in Tab. 3.7 wider.

Allerdings führen Investitionsvolumen und Fixkostenintensität zu einer geringen Verbreitung des Leitungsverkehrs. So hat der Rohrleitungstransport am gesamten Verkehrsaufkommen nur einen geringen Anteil.

4 Transportinfrastruktur und -suprastruktur

4.1 Verkehrsinfrastruktur und Verkehrswege

Die Ausstattung von Verkehrsinfrastruktur kann verkehrsträgerbezogen in die nationalen und internationalen Netze für Luft-, Eisenbahn-, Binnenschifffahrt-, Seeschifffahrt, Straßentransport und das Rohrleitungsnetz unterschieden werden (Rühl 2008, S. 37–44).

In der EU existiert ein *Flugnetz*, bestehend aus mehr als 450 Flughäfen, was von mehr als 130 Linienfluggesellschaften bedient wird. Zur möglichst effizienten Bedienung von Flugverbindungen haben Fluggesellschaften sogenannte Hub-and-Spoke-Netze aufgebaut. Diese bündeln aufkommensstarke Strecken durch zentrale Flughäfen (Hubs). Weniger aufkommensstarke Relationen werden, ausgehend von den Spokes, an die Hubs angebunden. Der Luftraum ist insgesamt in Flugkorridore organisiert, die von den Flugsicherheitsbehörden in Deutschland durch das Luftfahrt-Bundesamt und die Deutsche Flugsicherung GmbH festgelegt, gesteuert und überwacht werden.

Die längsten *Eisenbahnnetze* Westeuropas befinden sich mit 38.206 km in Deutschland und mit 30.832 km in Frankreich. Qualitative Unterschiede im europäischen Eisenbahnnetz gibt es bei der Elektrifizierung und im Ausbau von Schnellbaustrecken. Auch gibt es unterschiedliche Spurweiten, z. B. in Spanien und Russland, die aufwendiges Umladen im grenzüberschreitenden Verkehr erforderlich machen.

Binnenschifffahrtsnetze bestehen aus Wasserstraßen und sind das Verbindungselement zwischen den Binnenhäfen und/oder den Seehäfen. Das europäische Binnenwasserstraßennetz besteht aus ca. 36.000 km, wobei ca. 14.000 km transportlogistisch relevant sind (Muschkiet 2013a, S. 183).

Beim *Seeschiffverkehrsnetz* kann zwischen Kurzstreckenseeverkehr (short sea shipping) und dem internationalen Hochseeverkehr, der über Fahrtstrecken auf den

Weltmeeren erfolgt, unterschieden werden. Kurzstreckenseeverkehre werden auf festgelegten (küstennahen) Routen, die eine gute Hinterlandanbindung besitzen, angeboten. Streckenverbindungen auf offener See sind durch Schifffahrtsrouten festgelegt.

Der Straßenverkehr erfolgt durch weitverzweigte *Straßennetze*. Deutschland (12.363 km), Spanien (11.622 km) und Frankreich (10.801 km) weisen in Europa die meisten Autobahnkilometer auf. In Deutschland wird zwischen Bundesfernstraßen (Bundesautobahn, Bundesstraßen), Landes-, Kreis- und Gemeindestraßen unterschieden.

4.2 Flughäfen

Flughäfen sind Stützpunkte bzw. Ausgangs- und Endpunkte des Luftverkehrs. Sie agieren als Schnittstelle zwischen Luft- und Landtransport. Die Hauptaufgabe eines Flughafens besteht in der Bereitstellung von *luftverkehrsrelevanter Infrastruktur*. In erster Linie sind dies die Start- und Landebahnsysteme, die Abfertigungsgebäude (Terminal) sowie die Anschlüsse an das Bodenverkehrssystem (Maurer et al. 2006, S. 69).

Abhängig vom Einzugs- und Verteilgebiet wird zwischen *regionalen* und *nationalen Flughäfen* für Zubringer- und Verteilerdienste sowie *internationalen Großflughäfen* mit Drehscheiben- und Transitfunktion unterschieden. Die in diesem Zusammenhang vorhandene Bedeutung eines Flughafens als Logistikstandort und seine Verflechtungen ins Umland werden durch *Airport Industrial Parks*, *Airport Terminals* oder *Airportlogistikzentren* zur Luftfrachtabfertigung in unmittelbarer Flughafennähe deutlich (Vahrenkamp 2005, S. 301–302).

Die Bedeutung der Luftfracht sowie das eingeschränkte Leistungsangebot bestehender Flughäfen, wie Kapazitätsengpässe und Nachtflugverbote, führen zur Entwicklung reiner *Frachtflughäfen*. Hier sind in den meisten Fällen die Hubs der Post- und Paketdienstleister (Integrators) angesiedelt. Wesentlich für den Transport ist das Leistungsspektrum des Flughafens. Es liegt vor allem im Angebot geeigneter Frachtanlagen mit ausreichenden Flächen und Kapazitäten sowie Schnell- und Direktumschlagmöglichkeiten. Zusätzlich sind minimale Bodenzeiten, ein 24-Stunden- und Allwetterbetrieb zu garantieren.

4.3 See- und Binnenhäfen

Bei einem See- oder Binnenhafen handelt es sich um eine Infrastruktureinrichtung, die aus Liegeplätze für See- und/oder Binnenschiffe besteht. Sie ist die Schnittstelle im Land- und Seeverkehr und erfüllt die Funktionen Umschlag und Lagerung sowie An- und Abtransport von Gütern. *Binnenhäfen* werden von Binnenschiffen, Küstenmotorschiffen und kleineren Seeschiffen zum Ladungsumschlag genutzt. *Seehäfen* werden von Hochseeschiffen oder von Binnenschiffen für sogenannte Feederverkehre genutzt. Sie können an der Küste, an Kanälen und an Flüssen liegen. Binnenhäfen liegen an Flüssen, Kanälen oder Seen im Inland (Ihde 1999, S. 99).

Bei der Infrastruktur eines Hafens wird im Allgemeinen zwischen der Infrastruktur und der Suprastruktur unterschieden. Bei der *Infrastruktur* handelt es sich um ortsfeste Hafenanlagen wie Hafenbecken, Fahrrinnen, Gleis- und Kaianlagen. Die *Suprastruktur* hingegen umfasst die beweglichen und ortsfesten Einrichtungen wie Krananlagen, Lagerhallen und Flurförderzeuge.

Die Infrastruktur von Häfen ist in erster Linie von der Entwicklung und den gestellten Anforderungen an die Häfen abhängig. Mit der Industrialisierung, dem Eisenbahnbau und der Globalisierung entwickelten sich Häfen zur Funktion eines *Gateways* ins größer werdende Hinterland (Nuhn 2005, S. 110). Als *Hafenhinterland* bezeichnet man das landeinwärts, hinter dem Hafen liegende Territorium, das einen Güteraustausch mit dem Hafen unterhält. Hingegen spricht man vom *Hafenvorland* bezogen auf die (überseeischen) Herkunfts- und Bestimmungsorte der Fracht (Biebig et al. 2008, S. 225–226).

Dabei ist die *infrastrukturelle Hinterlandanbindung* über Pipeline, Schiene, Wasserstraße, Straße und Luftweg für die wirtschaftliche Entwicklung des Hafenhinterlandes von großer Bedeutung. Der große Bedarf an und die Optimierung von aus- und eingehenden seewärtigen (Massen-)Transporten sowie die verbesserte verkehrsseitige Erschließung des Hinterlands ermöglichen immer größere Schiffseinheiten und führt in der Folge zum Bau tieferer Hafenzufahrten sowie zur Anlage von erweiterten Docks und Kaiflächen mit Gleisanschlüssen und Güterbahnhöfen.

4.4 Bahnhöfe und Bahnanlagen

Zur *Bahninfrastruktur* zählen sämtliche Bahnanlagen, Grundstücke, Bauwerke und sonstige Einrichtungen, die zur Abwicklung oder Sicherung des Reise- oder Güterverkehrs auf der Schiene erforderlich sind. *Güterbahnhöfe* dienen dem Be- und Entladen von Eisenbahnwagen und Waggons. Als Anlagen für die Be- und Entladung sind in einfachster Form Flächen zum Umschlag zwischen Güterwaggons und Straßenfahrzeugen zu nennen. Sie können neben oder zwischen Gleisen angeordnet sein. Der Umschlag kann in unterschiedlicher Form erfolgen, wie z. B. über Rampen oder mit Kränen und Wagenkippanlagen für Schüttgüter (Berndt 2001, S. 94–96).

Rangierbahnhöfe dienen zur Bildung oder Auflösung von Zugeinheiten. Dort können in kurzer Zeit eine große Anzahl an Güterwagen aus eingehenden Zügen aussortiert und daraus neue Güterzüge gebildet werden.

Zu Bahnanlagen zählen auch *Gleisanschlüsse*. Bei einem Gleisanschluss handelt es sich um einen Netzzugang zum Schienengüterverkehr für das Be- und Entladen von Waggons, meist auf dem Gelände des versendenden bzw. empfangenden Unternehmens (Industriestammgleis) (Meier et al. 2013, S. 173–174). Solche Gleisanschlüsse ermöglichen Unternehmen Eisenbahnwaggons ohne zeit- und kostenaufwendige Umschläge und Umladungen direkt vom Versender zum Empfänger zu transportieren.

4.5 Terminal- und Umschlaganlagen

Umschlagterminals sind (außerbetriebliche) Orte, an denen Umschlagaktivitäten, wie das Be- und Entladen von Transportmitteln, das Sortieren und das Ein- und Auslagern von Gütern stattfinden (Boysen 2008, S. 1286). Umschlagterminals existieren für alle Transportmittel und werden auch als Knotenpunkte verstanden, an denen verschiedene Verkehrsträger zusammentreffen. So z. B.:

- *Luftfrachtterminals* sind Umschlagpunkte des Luftfrachtverkehrs zwischen bodengebundenen Verkehrsträgern (Schiene/Straße) und dem Flugzeug.
- *See- oder Binnenhafenterminals* beinhalten Einrichtungen und Anlagen, die zur Be- und Entladung für Binnen- und Seeschiffe benötigt werden sowie Flächen zur Lagerhaltung und Weiterverteilung der Güter.

In Abhängigkeit der umgeschlagenen Güterarten und/oder deren Beförderungsart lassen sich verschiedene *Terminalformen* unterscheiden (Brinkman 2005, S. 137–348):

- Terminals für flüssige (Erdöl- und Chemieprodukte) und schüttbare (Erz, Kohle, Getreide, Düngemittel) Massengüter,
- Terminals für Stückgüter (Maschinen, technische Anlagen),
- Containerterminals,
- Ro/Ro-Terminals,
- KV-Terminals.

Als *Terminalanlagen im Eisenbahnverkehr* gibt es vor allem Umschlagpunkte des kombinierten Eisenbahnverkehrs in Form von Umschlag- und Containerterminals.

Dabei kann es sich um kleine Be- und Entladeplätze oder große Umschlagbahnhöfe handeln. Die wesentlichen Infrastrukturelemente dieser Terminals bestehen aus Verkehrsanlagen für Straßenfahrzeuge (Einfahrt- und Ausfahrtbereiche, Park-, Lade-, Fahrspuren), Eisenbahninfrastruktur in Form von Anschlussgleisen zur Anbindung an das Streckennetz sowie Lagerflächen (Berndt 2001, S. 118). Als Umschlagtechniken kommen, abhängig von Größe und Aufkommen des Terminals, vor allem Krananlagen (Brücken-/Portalkräne) oder auch Stapler (Front-, Seiten-, Teleskopstapler) zum Einsatz.

Eine weitere Form von Umschlagterminals sind *Cross Docking Terminals*, in denen Warensendungen ohne längere Einlagerung direkt zwischen ein- und ausgehenden LKW umgeschlagen werden. Sie sind vor allem in der Konsumgüterlogistik (Einzelhandelsketten) (vgl. Kap. 8.2), bei Post- und Paketdienstleistern (Hub-and-Spoke-Systeme) (vgl. Kap. 7.4.5), bei Transport- und Speditionsunternehmen (Stückgutnetze) (vgl. Kap. 7.4.2) sowie in der Automobilindustrie (OEMs, Lieferanten) zu finden (vgl. Kap. 8.1.1).

4.6 Informations- und Kommunikationsinfrastruktur

Für die Erstellung von Transportkonzepten und die Durchführung von Transportprozessen von größter Bedeutung ist, neben der Verkehrsinfrastruktur, das Vorhandensein einer leistungsfähigen Informations- und Kommunikationsinfrastruktur. Diese basiert überwiegend auf der Telekommunikationsinfrastruktur. Zunehmend wird eine einheitliche Netzinfrastruktur, basierend auf dem *Internet Protokoll* (IP), auf der sämtliche Dienste angeboten und genutzt werden können, aufgebaut. Internetgestützte Anwendungen ermöglichen akteurs-, länder- und gesellschaftsübergreifende Transaktionen (Gleißner und Femerling 2012, S. 55–58).

So ist z. B. Voraussetzung für die Erstellung von Luftfrachtdienstleistungen und die Steuerung von Luftfrachttransportketten die Anwendung von *Luftfrachtinformations- und Kommunikationssystemen*. Beispiele hierfür sind die Zoll- und Dokumentenabwicklung (elektronischer Luftfrachtbrief), die Disposition der Laderäume und Flüge, Tarif- und Ratenberechnung sowie Abrechnung und Sendungsverfolgung.

Weitere Informations- und Frachtabfertigungssysteme bieten Funktionalitäten wie Datenerfassung und -abgleich bei Anlieferung und Eingangsabfertigung, Lagerverwaltung, Ladevorbereitung und die Erstellung von Ladelisten bei der Ausgangsabfertigung. Luftfrachtspeditionen greifen auf Systeme der Airlines und anderer Speditionen im Vor- und Nachlauf zu, um Flugpläne einzusehen, Konditionen abzugleichen und Buchungen vorzunehmen.

Neben Telekommunikationsdiensten gewinnt die *Satellitennavigation* für die Transportdurchführung immer mehr an Bedeutung. Dabei handelt es sich um ein Verfahren, dass es erlaubt, die Position eines Objektes zu bestimmen. Die moderne Satellitennavigation ermöglicht, dass die Koordinaten von Orten über den Abstand zu Satelliten mit Hilfe geeigneter Technik und Programmen ermittelt werden können.

Mit dem Aufbau des Satellitennavigationssystems *Galileo* kommt auf dem Gebiet der Satellitennavigation zu den bestehenden und national kontrollierten Systemen GPS (Global Positioning System) der USA und dem Glonass (Globalnaja Nawigazionnaja Sputnikowaja Sistema) der Russischen Föderation ein System der Europäischen Union (EU) hinzu.

Vor allem die kommerziellen Services sind geeignete Anwendungen für die Durchführung von Transporten, so z. B. die Navigation von Festlandverkehren, Telematikplattformen, Ortung im Luftverkehr und der Schifffahrt sowie Forschungsplattformen für Verkehrs- und Logistik-Systeme. Im Mittelpunkt der Anwendungen steht die Lokalisierung und Verfolgung von Waren, die durch multimodalen Transport befördert werden (Clausen und Inninger 2009, S. 43–44).

So laufen beispielsweise, bezogen auf den Transport, unter *ERMTS* (European Railway Transport Management System) eine Reihe von Projekten und Diensten im Bereich von Eisenbahninformationssystemen, wie das auf länderübergreifende Flächenversorgung ausgerichtete *GSM-R-Netz* (Global System for Mobile Communication Railways) (Berndt 2001, S. 122).

Teil II
Management des Transports

Transportplanung 5

5.1 Transportnetzplanung

5.1.1 Linien- und Ringstrukturen

Unter Transportplanung versteht man Systeme, die für Gütertransporte eine optimale Kombination von Transportmitteln und deren Auslastung unter Nutzung der günstigsten Wegstrecke und Reihenfolge der Be-/Ent- oder Umladeorte ermitteln. Sie widmen sich insbesondere der Frage auf längeren Transportstrecken Teilladungen zu konsolidieren und eine maximale Auslastung der Transportmittel zu erreichen. Auch die entsprechende Steuerung von Komplettladungen zur Wegeoptimierung und zur Vermeidung von Leerfahrten bzw. Einplanung von Rückladungen fällt in das Aufgabenspektrum. Im Straßengüterverkehr kommen diese Planungssysteme vor allem beim Einsatz von Komplett-, Teilladungs- und Sammelgutverkehren zum Einsatz (vgl. Kap. 7.4.3 und 7.4.4).

Entsprechend dieser Aufgaben wird die Transportplanung in eine strategische, taktische und operative Transportplanung unterschieden (Metzler 2013, S. 277–278):

- Inhalt der *strategischen Transportplanung* ist die Festlegung von Anzahl und Standorten von Umschlagpunkten und die dazwischen liegenden Transportrelationen sowie die eingesetzten Transportmittel und genutzten Transportwege woraus Transportnetze gebildet werden.
- In der *taktischen Transportplanung* werden die Gebiete festgelegt, die zu bedienen sind. Es sind Hauptläufe zwischen Umschlagpunkten einzurichten und Fahrpläne für die Linientransporte zu erstellen.
- Zur *operativen Transportplanung* gehört die Bildung der Transporttouren einschließlich der Steuerung der Transporte (Disposition) (vgl. Kap. 5.5.1 und 9.1.2).

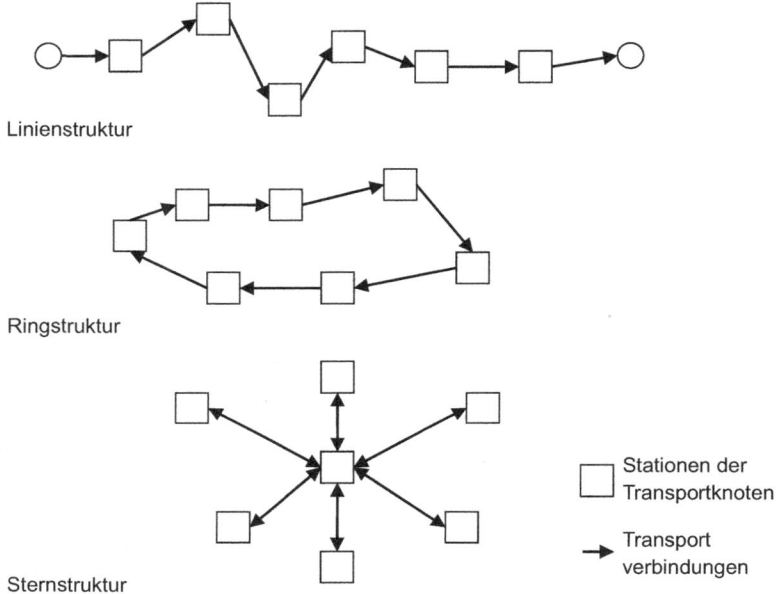

Abb. 5.1 Formen von Netzstrukturen. (Quelle: Gleißner und Femerling 2012, S. 200; Vgl. Gudehus 2010, S. 778)

Transportnetze lassen sich nach verschiedenen Konfigurationen in ein- und mehrstufige Strukturen unterscheiden (Gudehus 2010, S. 778). Dies verdeutlicht Abb. 5.1.

Linienstrukturen zeichnen sich durch hintereinander angeordnete Knoten und Kanten aus. Entsprechende Verkehre weisen hohe Leerfahrtenanteile auf. Diese werden bei *Ringverkehren* durch entsprechende Rückladungen vermieden. Es kommt zu einer Erhöhung der durchschnittlichen Fahrzeugauslastung sowie Optimierung von Transportmittelumläufen.

5.1.2 Rasternetze

Sind alle Versand- und Empfangsdepots jeweils durch Direktverkehre miteinander verbunden, d. h. es besteht eine vollständige Vernetzung, spricht man von *Rasternetzen*. Es erfolgt ein direkter Güteraustausch, d. h. ein Zwischenumschlag ist nicht erforderlich. Die einzelnen Depots haben eine Sammel- und Auslieferfunktion sowie eine Sortier- und Bereitstellungsfunktion für den Hauptlauf. Die Anzahl der

5.1 Transportnetzplanung

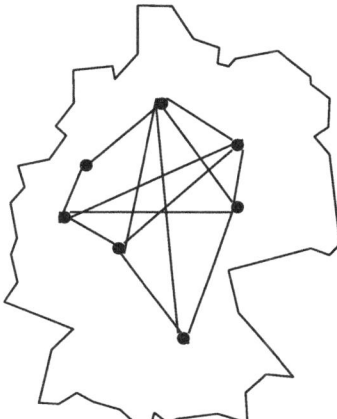

Abb. 5.2 Netzkonfigurationen: Rasternetz. (Quelle: Gleißner und Femerling 2012, S. 201)

Relationen in einem solchen Direktverkehrsnetz steigt quadratisch mit der Anzahl Depots. Eine mögliche Anordnung ist in Abb. 5.2 dargestellt.

5.1.3 Sternstrukturen und Hub-and-Spoke-Netze

Werden Verkehre zwischen den Versand- und Empfangdepots (Spokes) über ein zentrales Umschlagdepot (Hub) geleitet, liegt eine sternförmige Vernetzung vor und bilden *Hub-and-Spoke-Netze*, wie sie in Abb. 5.3 dargestellt sind. Sie zeichnen sich dadurch aus, dass keine direkten Wege zwischen zwei Depots vorgesehen sind, d. h. alle Sendungen laufen über den bzw. die Hubs.

Depots haben die Funktionen Sortieren, Konsolidieren und Weiterleiten. Die Depots sind flächendeckend über das zu versorgende Gebiet verteilt und haben eine regionale Sammel- und Auslieferungsfunktion. Die Anzahl der Relationen ist bei einem Hub genau doppelt so groß wie die Anzahl der Depots.

Beim Hub-and-Spoke-Verkehr ergibt sich die Anzahl der Verbindungen aus:
    n Verbindungen (n = Anzahl der Depots).

Bei ausschließlichen Punkt-zu-Punkt-Verkehren in Rasternetzen ergibt sich die Anzahl der Verbindungen nach:

$$(n-1) + (n-2) + \ldots + 1 \text{ Verbindungen oder auch} : [n*(n-1)]/2.$$

Die Vorteile von Hub-and-Spoke-Systemen liegen in der Realisierung von Bündelungsvorteilen. Durch den Transport von Sendungen verschiedener Destinationen

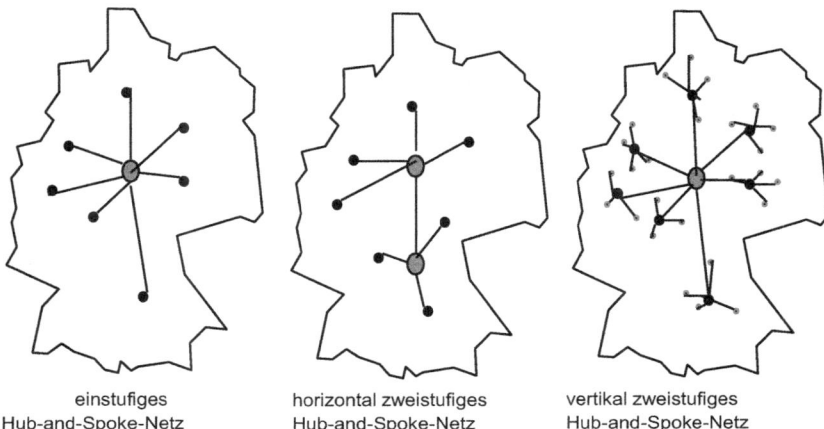

| einstufiges | horizontal zweistufiges | vertikal zweistufiges |
| Hub-and-Spoke-Netz | Hub-and-Spoke-Netz | Hub-and-Spoke-Netz |

Abb. 5.3 Netzkonfigurationen: Hub-and-Spoke-Netze. (Quelle: Gleißner, und Femerling, Logistik 2008, 2. Aufl., S. 201)

im Zulauf bzw. verschiedener Quellen im Ablauf des Hubs können Fahrzeuge besser ausgelastet (economies of density) oder größere Fahrzeuge (economies of size) eingesetzt werden. Gleichermaßen erfolgt eine Verringerung des Sortieraufwands in den Depots (Spokes), da die Sendungen nur noch auf eine Relation nämlich dem Hub „sortiert" werden müssen.

Durch die Konsolidierung über das Hub können evtl. größere Mengen von einem Kunden unsortiert als Komplettladung direkt zum Hub transportiert werden. Ohne das Hub-and-Spoke-Konzept könnten auf aufkommensarmen Relationen Transporte nur mittels hoher zeitlicher Bündelung angeboten werden (vgl. Kap. 5.6). Nachteile von Hub-and-Spoke-Systemen entstehen durch Umwege und zusätzliche Umschlagvorgänge. Entscheidungskriterien für die Einführung eines Hub-and-Spoke-Systems sind daher:

- das zu transportierende Aufkommen im Netz,
- die für Konsolidierungsmaßnahmen zur Verfügung stehenden Zeitreserven,
- die für die Einrichtung von Konsolidierungsstationen erforderlichen Kosten.

5.1.4 Hybride Netzstrukturen

Neben reinen Raster- und Hub-and-Spoke-Systemen existieren Kombinationen aus beiden Netzkonfigurationen, sogenannte *hybride* Netzstrukturen. Dabei werden Relationen mit geringem Verkehrsaufkommen über ein Hub und Relationen

5.2 Transportkettenplanung

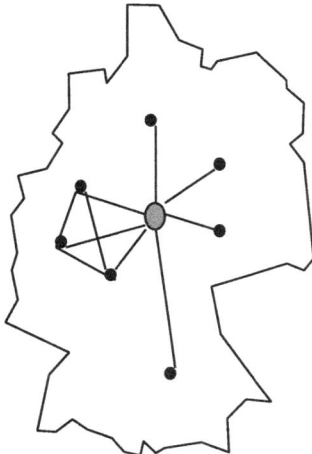 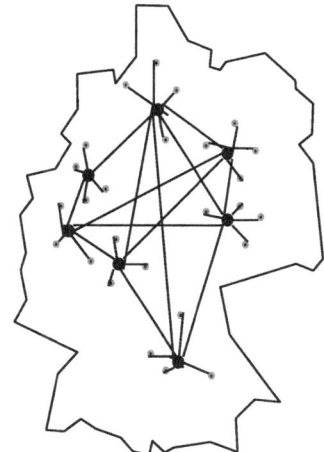

Single-Hub-and-Spoke-System   Hub-and-Spoke-Systeme mit regionalen Hubs

Abb. 5.4 Kombination von Rasternetzen und Hub-and-Spoke-Netzen. (Quelle: Gleißner und Femerling 2012, S. 203)

mit starkem Verkehrsaufkommen direkt bedient. Zusätzliche Varianten sind *Single Hub-and-Spoke-Systeme* und *Hub-and-Spoke-Systeme mit regionalen Hubs*. Dies verdeutlicht Abb. 5.4.

5.2 Transportkettenplanung

5.2.1 Standardtransportketten

Inhalt der Transportkettenplanung ist die Gestaltung der Transportprozesse als Ablauforganisation des Transports. Eine *Transportkette* bezeichnet die technisch-organisatorische Verknüpfung der Stationen, die ein Warentransport vom ersten Abgangsort (Quelle) bis zum letzten Empfangsort (Senke) durchläuft.

Diese Transportstrecke vom Absender zum Empfänger lässt sich grundsätzlich in *Vor-, Haupt- und Nachlauf* unterteilen. Diese Unterteilung findet hauptsächlich im Bereich der Stückgut- und Sammelladungsverkehre Anwendung (vgl. Kap. 7.4.2 und 7.4.3) und kann auf nahezu alle Transportmittel angewendet werden. Der *Vorlauf* bezeichnet dabei das Einsammeln der Güter beim Absender und den Transport zu einem Umschlagpunkt. Von diesem werden die Sendungen gebündelt zu einem Umschlagpunkt im so genannten *Hauptlauf* befördert. Ab dort erfolgt die Feinverteilung an die Empfänger im *Nachlauf* (vgl. Abb. 5.5).

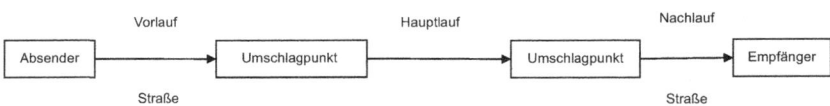

Abb. 5.5 Vor-, Haupt- und Nachlauf. (Quelle: Gleißner und Femerling 2012, S. 89)

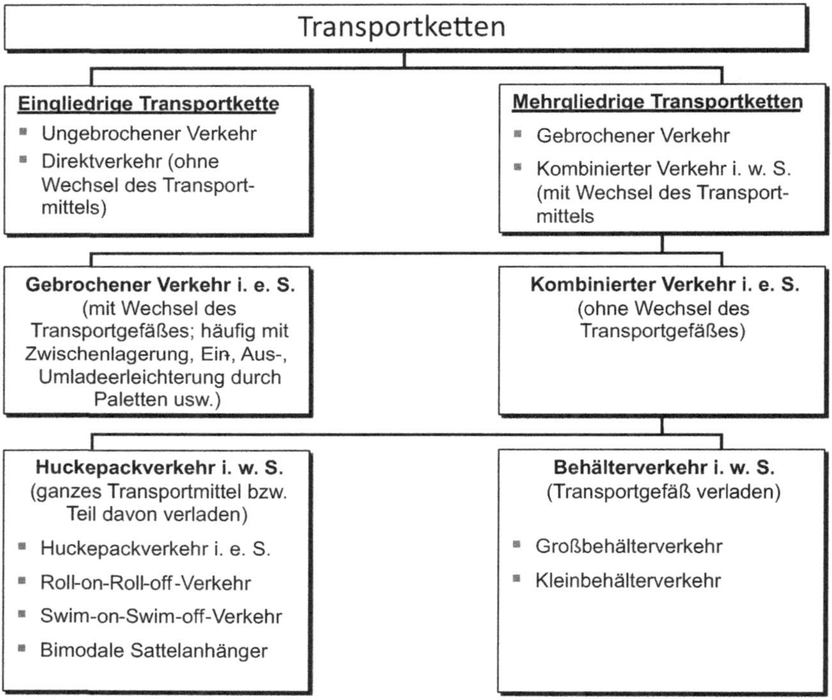

Transportketten	
Eingliedrige Transportkette ▪ Ungebrochener Verkehr ▪ Direktverkehr (ohne Wechsel des Transportmittels)	**Mehrgliedrige Transportketten** ▪ Gebrochener Verkehr ▪ Kombinierter Verkehr i. w. S. (mit Wechsel des Transportmittels)
Gebrochener Verkehr i. e. S. (mit Wechsel des Transportgefäßes; häufig mit Zwischenlagerung, Ein-, Aus-, Umladeerleichterung durch Paletten usw.)	**Kombinierter Verkehr i. e. S.** (ohne Wechsel des Transportgefäßes)
Huckepackverkehr i. w. S. (ganzes Transportmittel bzw. Teil davon verladen) ▪ Huckepackverkehr i. e. S. ▪ Roll-on-Roll-off-Verkehr ▪ Swim-on-Swim-off-Verkehr ▪ Bimodale Sattelanhänger	**Behälterverkehr i. w. S.** (Transportgefäß verladen) ▪ Großbehälterverkehr ▪ Kleinbehälterverkehr

Abb. 5.6 Aufbau von Transportketten. (Quelle: Gleißner und Femerling 2012, S. 90; Vgl. Jünemann und Schmidt 1999, S. 328)

Die Gestaltung der Transportkette kann eingliedrig sein: Es werden dann Transportobjekte direkt von der Quelle zur Senke transportiert oder mehrgliedrig, dann erfolgt entweder ein Wechsel des Transportmittels (gebrochener Verkehr) oder ein Wechsel des Verkehrsträgers (kombinierter Verkehr). Abbildung 5.6 zeigt ein- und mehrgliedrige Transportketten mit Anwendungsbeispielen (Jünemann und Schmidt 2000, S. 328).

Bei *Direktverkehren* erfolgt kein Umschlag zwischen Versender und Empfänger, sondern es werden ganze Ladeeinheiten ausgetauscht. Solche Direktverkehre gibt es hauptsächlich im Straßengüterverkehr, in geringem Maße im Schienenver-

5.2 Transportkettenplanung

Tab. 5.1 Charakteristika des kombinierten Verkehrs. (Quelle: Gleißner und Femerling 2012, S. 91)

- Nutzung der Vorteile einzelner Verkehrsträger (Kosten, Sicherheit, Termintreue, Umweltschonung usw.),
- Günstige Beförderungszeiten auf weite Distanzen,
- Relativ umweltfreundlich,
- Unterbrechung der Transportkette,
- Recht hoher Zeitaufwand durch Güterumschlag gegeben,

kehr und mit dem Binnenschiff zum Teil als Kombi-Verkehr. Bei Vollcharter von Nur-Frachtflugzeugen und Seeschiffen sind Direktverkehre auch im Luft- und Seeverkehr denkbar (vgl. Kap. 3.3 und 3.5).

5.2.2 Intermodale-/multimodale Transportketten

Um die Vorteile der einzelnen Verkehrsträger, insbesondere auf längeren Strecken und unter sich verändernden Transportbedingungen zu nutzen, existieren Systeme des *kombinierten Verkehrs*, bei denen zwei oder mehrere unterschiedliche Verkehrsträger zum Einsatz kommen. Die besonderen Charakteristika des Kombinierten Verkehrs sind in Tab. 5.1 dargestellt.

Beim Kombinierten Verkehr (Kombi-Verkehr oder KV) handelt es sich um eine Form der Transportabwicklung, bei der das Transportgut beim Transport von der Quelle zur Senke als Ladeeinheit des KV durchgehend und ohne Wechsel des Ladungsträgers mit mehreren Verkehrsträgern, die als Transportkette hintereinander geschaltet sind, befördert wird (vgl. Kap. 3.2). Es werden komplette Fahrzeuge auf Trägerfahrzeuge oder dafür geeignete Ladeeinheiten vom Trägerfahrzeug eines Verkehrsträgers auf das Trägerfahrzeug eines anderen Verkehrsträgers umgesetzt.

Formen des Kombinierten Verkehrs sind (Frindik 2008, S. 736–743):

- *Huckepackverkehr*: Lastzüge und Sattelanhänger werden auf spezielle Eisenbahnwagen verladen, die ins Zielgebiet fahren (Hauptlauf); der Transport zum Endpunkt (Nachlauf) erfolgt per Lkw,
- *Behälter-/Containerverkehr*: Behälter werden als Ladehilfsmittel eingesetzt, die auf beliebige Verkehrsträger verladbar sind,
- *RoRo- (Roll-on-Roll-off-)Verkehr*: Lkw oder Sattelanhänger werden über Rampen auf das Ladedeck von RoRo-Schiffen gefahren,
- *Trajektverkehr*: Güterwagen der Bahn werden auf Fährschiffe, deren Ladedecks mit Schienen ausgerüstet sind, gerollt.

5.2.3 Globale Transportketten

Globale Transportketten finden sich vor allem beim See- und Lufttransport (vgl. Kap. 3.3 und 3.5). Der typische Ablauf des *Seetransports mit Containern* kann mit den Prozessketten *Carrier's Haulage* und Merchant's Haulage (engl. haulage = Transport) beschrieben werden (Schieck 2008, S. 185).

Bei Carrier's Haulage bietet die Seereederei eine Frachtbeförderung im Container von Haus zu Haus an. Sie stellt den leeren Container an die Rampe des Verladers, organisiert den Vorlauf des Containers zum Seehafen, veranlasst den Schifftransport, organisiert den Nachlauf zum Empfänger und übernimmt den entladenen Container. Dabei haftet sie für die gesamte Transportdurchführung und beauftragt andere Frachtführer mit der Weiterleitung. Der Carrier ist Aussteller von Konnossementes (Bill of Lading), dem bankfähigen Inhaberpapier, das die Rechte an der beförderten Sendung verbrieft und die genauen Haftungsregelungen enthält.

Bei *Merchant's Haulage* beauftragt der Verlader einen Hausspediteur mit der Transportdurchführung. Dieser fordert beim Reeder einen Container an und organisiert im Folgenden den Vorlauf. Für den Seetransport sorgt der Reeder. Im Bestimmungshafen übergibt er den Container an einen Korrespondenzspediteur zur Verzollung und Inlandsbeförderung. Nach der Entladung geht der leere Container an den Reeder zurück.

Globale Transportketten werden auch durch den Verkehrsträger Flugzeug abgewickelt. *Luftfrachttransportketten* können unterschiedlich gestaltet werden (vgl. Kap. 3.5). Der Hauptlauf kann als Lufttransport mit dem Flugzeug als Beiladefracht in einem Passagierflugzeug (Unterflur, Lower Deck) oder in einem reinen Frachtflugzeug erfolgen (Frye 2013, S. 221). Die Vor- und Nachlauftransporte vom Versender zum Flughafen und die Auslieferung vom Flughafen an den Empfänger werden in den meisten Fällen per Lkw abgewickelt. Oftmals erfolgt der Hauptlauf zwischen den Flughäfen auch als Bodentransport im Auftrag der Fluggesellschaft. Man spricht dann von Luftersatzverkehr (Road Feeder Service, RFS) oder Trucking. Dabei hat die Fracht den Status einer Luftfrachtsendung und wird auch als solche abgerechnet (Pompl 2007, S. 95).

5.3 Transportmittel- und Wegeplanung

5.3.1 Transportmittelwahl

Für die Auswahl von Transportmitteln kann auf das Konzept der Verkehrswertigkeiten und Verkehrsaffinitäten zurückgegriffen werden. V*erkehrswertigkeiten*

5.3 Transportmittel- und Wegeplanung

definieren die einzelnen Qualitäts- und Leistungsmerkmale von Verkehrsträgern. In enger Verknüpfung hierzu ist der Begriff *Verkehrsaffinitäten* zu sehen, der die Anforderungen des Transportobjektes bzw. des Nachfragers beschreibt. Diesbezüglich können folgende wesentliche Anforderungen genannt werden (Ihde 2001, S. 197–199; Gleißner und Möller 2009, S. 192):

- *Massenleistungsfähigkeit*: Fähigkeit von Transportmitteln zum Transport großer Mengen zu niedrigen Kosten,
- *Schnelligkeit*: Transportdauer, Transportgeschwindigkeit, Fähigkeit eines Verkehrsmittels, Güter schnell zu befördern,
- *Netzbildungsfähigkeit*: Fähigkeit zur Durchführung flächendeckender Transporte,
- *Berechenbarkeit*: Maßstab für die zeitliche Zuverlässigkeit (Pünktlichkeit) der Transportvorgänge,
- *zeitliche Flexibilität*: Häufigkeit der Transportbedienung, Fähigkeit auf zeitliche Veränderungen/Anforderungen zu reagieren,
- *räumliche Flexibilität*: Fähigkeit zur räumlichen Verlagerung/Verflechtung von Transportmitteln/-kapazitäten,
- *Sicherheit*: Maß für Unfallhäufigkeit von Transporten und Schadenshöhe,
- *Umweltbeeinflussung*: insbesondere Energieeinsatz, Schadstoff- und Lärmemissionen.

5.3.2 Transportwegeplanung

Gegenstand der Transportwegeplanung ist die Planung der Fern- und Nahtransporte (Gietz 2008, S. 137). Die Knotenpunkte in einem Transportnetz werden durch *Fernverkehre* miteinander verbunden. Diese werden nach einem festgelegten *Fernverkehrsplan* durchgeführt. Der Umschlag in einem Knotenpunkt in dem Transportnetz erfolgt nach den bedienten Destinationen und vorgegebenen Ankunfts- und Abfahrzeiten der Fernverkehre. In Umschlagplänen ist die Reihenfolge der Fahrzeuge und deren Be- und Entladestellen festgelegt.

Der *Nahverkehr* hat die Aufgabe Sendungen in einem Einzugsgebiet zu sammeln bzw. zu verteilen. Sendungen werden in Nahverkehrstouren gesammelt und zu einem Knotenpunkt gebracht. Dort werden sie nach Destinationen sortiert und an den Fernverkehr übergeben. Die Verteilung von Fernverkehrseingängen im Knotenpunkt erfolgt in der Regel in abgestimmter Planung mit den Nahverkehrstouren zur Sammlung von Sendungen.

5.4 Touren- und Tourgebietsplanung

5.4.1 Planungsprobleme und -determinanten

Die Touren- und Tourgebietsplanung kann in eine taktische und operative Tourenplanung unterschieden werden (Butz 2009, S. 366–368):

- Die *taktische Tourenplanung* beschäftigt sich mit der Ermittlung von Standard- bzw. Rahmentouren, die in bestimmten Zeitabständen (täglich, wöchentlich) einen mehr oder weniger festen Verlauf haben bzw. ein bestimmtes Gebiet bedienen.
- Mit der *operativen Tourenplanung* wird ein täglicher Planungslauf auf Basis der aktuellen Auftragslage oder auf der Grundlage vorher definierter Rahmentouren erstellt.

Die *Tourenplanungsaufgaben* werden auch *Tourenplanungsprobleme* genannt. Sie werden durch die Anzahl der Stopps, die geplant werden und der damit zusammenhängenden Größe des Fuhrparks, Kundenzeitfenster und anderen Kriterien bestimmt. Auch können Kunden nicht beliebig in einer Tour zusammengefasst werden. Vielmehr wird das Planungsproblem in viele kleine Tourenplanungsprobleme zerlegt und zu entsprechenden Tourgebieten zusammengefasst. *Tourgebiete* können durch die Berücksichtigung von Auftragsdaten eines Zeitraums gebildet werden oder sich an Postleitzahlgebieten orientieren.

Wesentliches Merkmal von Tourenplanungsaufgaben ist der zeitliche Ablauf der Planung. Dabei wird bzgl. des Zeitpunkts der Auftragserteilung in eine *statische* und *dynamische Tourenplanung* unterschieden:

- Wenn alle Aufträge zu Beginn der Planung vorliegen, handelt es sich um eine *statische Planung*.
- Wenn während der Tourenplanung neue Aufträge hinzukommen, die in der laufenden Tourenplanung berücksichtigt werden sollen, liegt eine *dynamische Tourenplanung* vor.

Die Determinanten der Tourenplanung sind in Tab. 5.2 zusammengefasst (Gleißner und Femerling 2012, S. 245).

5.4.2 Verfahren und Lösungsansätze

Verfahren zur Tourenplanung d. h. zur Lösung von Tourenplanungsaufgaben basieren auf dem sogenannten *Rundreiseproblem* (auch Traveling-Salesman-Problem).

5.4 Touren- und Tourgebietsplanung

Tab. 5.2 Determinanten der Tourenplanung. (Quelle: Gleißner und Femerling 2012, S. 245)

Entfernungsermittlung	■ Digitale Netzwerkmethode
Fahrzeitberechnung	■ digitales Straßennetz ■ Durchschnittsgeschwindigkeit ■ entfernungsanhängige Geschwindigkeit ■ straßenabhängige Geschwindigkeit ■ Wetterfaktoren ■ Verkehrsaufkommen/Baustellen
Be-/Entlade-/Standzeiten	■ Mindeststandzeit pro Kunde (Papierabwicklung/Rangierzeiten) ■ Mengenabhängige Standzeit ■ Kundenabhängige Standzeit
Sonstige Restriktionen	■ Lenk- und Ruhevorschriften des Gesetzgebers ■ Regelungen zu Einsatz- und Arbeitszeiten für Fahrer und Be-/Entladepersonal ■ unterschiedliche Fahrzeugtypen mit abweichender Nutzlast ■ für Auslieferung notwendige Zusatzausrüstung (z. B. Hebebühnen, Mitnahmestapler usw.) ■ Leergut/Rückladungen ■ unkalkulierte Wartezeit bei Kunden ■ Fahrverbote an Feiertagen, bei Emissionswetterlagen und in Innenstädten

Dabei wird von einem Ausgangsort ausgegangen, von dem aus Waren verteilt werden sollen und eine Anzahl von Empfangsorten, an denen die Ware ausgeliefert werden soll. Die sukzessive Belieferung der Orte erfolgt im Rahmen einer Rundreise. Ziele bzw. Restriktionen bei der Lösungsfindung können dabei die Minimierung der Entfernung, Rundreisezeiten und Rundreisekosten sein.

Das Planungsproblem wird dabei in zwei Teilprobleme, dem Allokations- und dem Reihenfolgeproblem zerlegt (Gietz 2008, S. 144–153).

- Beim *Allokationsproblem* erfolgt die Zuordnung von Kunden zu Touren, d. h. die Transportaufträge werden anhand von Kundendaten Tourgebieten zugeordnet.
- Beim *Reihenfolgeproblem* wird festgelegt, in welcher Folge die Kunden angefahren werden sollen.

Reihenfolge- und Allokationsprobleme können simultan gelöst werden. Zur Anwendung kommen *Savingsalgorithmen*, bei denen Pendeltouren zwischen den Depots und den Kunden ermittelt werden. Dabei wird schrittweise geprüft, welche Einsparung (savings) sich durch die Zusammenfassung zweier Touren bzgl. Entfernung, Zeit oder Kosten ergeben. Die Touren werden anschließend in der Reihenfolge abnehmender „savings" und unter Berücksichtigung von Kapazitätsrestriktionen zusammengefasst.

5.4.3 Tourenplanungssysteme

Tourenplanungssysteme sind IT-Anwendungen, die bei der effizienten Planung von Fahrstrecken bei Belieferung oder auch bei der Abholung von Waren unterstützen sollen. Die Aufgabenstellung ist eine Anzahl von Kunden, deren Bedarfe und Standorte bekannt sind, mit einer Anzahl von Fahrzeugen mit bestimmten Kapazitäten von einem Depot aus mit einem bestimmten Gut zu beliefern. Das System berechnet Vorschläge dazu, welche Fahrten so durchzuführen sind, damit unter Einhaltung bestimmter Nebenbedingungen, z. B. Kapazitäts- und Zeitrestriktionen, die Gesamttransportkosten minimiert werden.

Der Nutzen, der sich aus dem Einsatz von rechnergestützten Tourenplanungssystemen ergibt, ist in Tab. 5.3 zusammengefasst.

5.5 Transportmitteleinsatzplanung

5.5.1 Transportdisposition

Aufgabe der Transportmitteleinsatzplanung ist die eindeutige Zuordnung von Transportmitteln (vgl. Kap. 2.1), einschließlich Umschlagpunkten (vgl. Kap. 4.5) zu den Transportaufträgen (Disposition). Abhängig davon, um welche Transporte es handelt, wird zwischen der Disposition von Ferntransporten und -verkehren bzw. der Disposition von Flächenverkehren (Sammel- und Verteilverkehre) unterschieden (Zäpfel und Wasner 2000, S. 327).

Die *Fernverkehrsdisposition* legt für das laufende Transportaufkommen fest, welche Transporte über welche Umschlagpunkte erfolgen sollen.

Aufgabe der *Flächenverkehrsdisposition* ist die Sicherstellung

- der Abholung eingehender Transportaufträge eines Depoteinzugsgebiets (Abholdisposition),
- des Transports zum Depots,
- der Zustellung zum Empfänger (Zustelldisposition).

5.5 Transportmitteleinsatzplanung

Tab. 5.3 Nutzenpotenziale der Tourenplanung. (Quelle: Gleißner und Femerling 2012, S. 246)

Nutzen für die Unternehmensleitung/ Management	▪ Rationalisierungspotenziale zwischen 3 % und 5 % der Transportkosten ▪ Transparenz über das gesamte Transportgeschehen ▪ Qualifizierte Information für taktische und strategische Entscheidungen
Nutzen für Fuhrpark-Disponenten	▪ Qualifizierte Disposition in der zur Verfügung stehenden Zeit ▪ Transparenz in der gesamten Transportabwicklung ▪ Reduzierung des administrativen Aufwandes ▪ Erleichterungen im Arbeitsablauf ▪ Systematisierung des Planungsablaufes ▪ Reduzierung der Risiken in Urlaubs- und Krankheitszeiten
Nutzen für den Fahrer	▪ Gleichmäßige Auslastung und Belastung aller Fahrer ▪ Bessere Einhaltung der Anlieferzeiten ▪ Höherer Informationsgehalt über die auszuführenden Aufträge und Touren
Nutzen für den Kunden	▪ Besserer Lieferservice durch Verlängerung des Bestellintervalls ▪ Bessere Einhaltung der Lieferrestriktionen

5.5.2 Transportsteuerung und -verfolgung

Zur Unterstützung der Steuerung der Transportmittel kommen sogenannte *Fleet Monitoring-Systeme* zum Einsatz (Prockl 2010, S. 156). Diese Systeme stellen per Mobilfunkkommunikation eine Verbindung zwischen Fahrer bzw. Fahrzeug und Fuhrparkdisposition (Leitstelle) her. Über diese Verbindung können vom Fahrzeug aus die aktuelle Position sowie Änderungen des Fahrzeugstatus (in Fahrt, Warten auf Entladen, Entladen beendet etc.) übertragen werden. Der Disponent kann auf der Basis dieser Informationen aktuell neu eintreffende Aufträge dem am günstigsten positionierten Fahrzeug zuweisen und per Mobilfunk an das Fahrzeug zur Durchführung übertragen.

Weitere Systemunterstützung erlaubt die mehr oder weniger lückenlose Verfolgung des Transportweges von Transportgütern und Transportmittel, womit gleichzeitig auch die spätere Rückverfolgbarkeit sichergestellt wird. Mit Hilfe von *Tracking & Tracing-Systemen* (Sendungsverfolgungssysteme) können Informationen über den aktuellen Standort einer Sendung ermittelt bzw. zur Verfügung gestellt werden (vgl. Kap. 9.4.3). Diese Informationen können z. B. zur zeitgerechten Bereitstellung von Entladekapazitäten, zur Planung von Anschlusstransporten genutzt werden oder erlauben im Falle von Verspätungen, Verlusten oder Änderung des Empfangsortes wichtig für einen steuernden Eingriff in den Transportprozess.

5.5.3 Transportcontrolling und Fuhrparkmanagement

Für das Transportcontrolling können *Fuhrparkmanagementsysteme* eingesetzt werden. Grundsätzlich bestehen diese Systeme aus Onbord-Computern, die in den Fahrzeugen installiert sind und einer zentralen Analyse-Software. Mit den Onbord-Computern werden die während des Einsatzes anfallenden Prozessdaten im Fahrzeug erfasst und anschließend zur Auswertung an das Analysesystem übertragen. Das Analysesystem enthält Basisdaten zu den Transportmitteln (Anschaffungskosten, Abschreibungen, Versicherungsprämien, Anschaffungszeitpunkt, Nutzungsdauer usw.).

Weiterhin werden Verbrauchs- und Situationsdaten (Kraftstoffverbrauch, Fahrleistung, Antriebsbeanspruchung, GPS-Standortinformationen, Straßennavigation usw.) registriert. Mit Hilfe dieser Daten können Statistiken über die Fahrzeugauslastung und -beanspruchung, Hinweise für den Betrieb des Fahrzeugs (z. B. kraftstoffsparendes Fahren, Temperatur in Kühl-/Gefrieraufbauten bzw. -aufliegern), Reparaturintervalle, der optimale Ersatzzeitpunkt sowie verursachungsgerechte Kosteninformationen für die einzelne Transportleistung, einschließlich der Abrechnung von Straßenbenutzungsgebühren bzw. Maut, gewonnen werden.

5.6 Transportkonsolidierung

5.6.1 Ladungs- und Empfängerkonsolidierung

Eine weitere Gestaltungsvariable von Transportnetzen liegt in der *Transportkonsolidierung*. Konsolidierung kann nach unterschiedlichen Gesichtspunkten erfolgen. Eine transportstreckenbezogene Konsolidierung folgt dem Ansatz der *Ladungs- und/oder Empfängerakquisition,* wie sie Abb. 5.7 verdeutlicht (Ihde 2001, S. 226). Sendungen mehrerer Verlader- und/oder Empfangspunkte werden im Rahmen von Sammel- und/oder Verteiltouren zusammengefasst.

5.6 Transportkonsolidierung

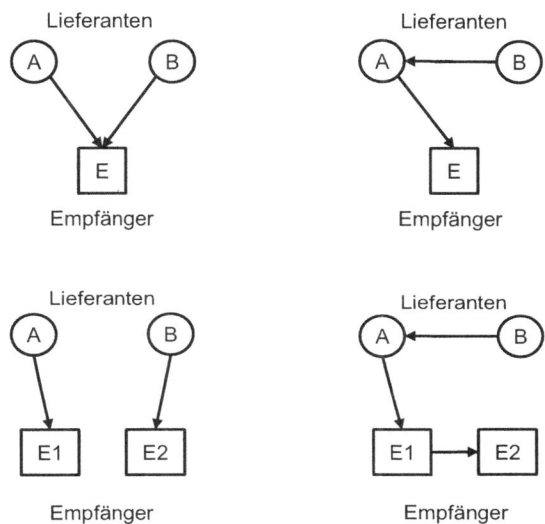

Abb. 5.7 Ladungs- und Empfängerakquisition. (Quelle: Gleißner und Femerling 2012, S. 205; Vgl. Ihde 2006, S. 226)

Effekte, die sich bei der Konsolidierung ergeben, sind u. a.:

- Entstehen von mehrgliedrigen Transportketten,
- Mehraufwand im Vergleich zur Direktfahrt,
- zusätzliche Umschlagvorgänge,
- steigender Dispositionsaufwand der zu konsolidierenden Warenströme,
- verbesserte Transportmittelauslastung aufgrund größerer relationsbezogener Aufkommensmengen,
- Einrichtung von Linienverkehren bei längerfristiger Austauschbeziehung.

Insbesondere in der transportintensiven und damit stark kostenrelevanten Konsumgüterdistribution kommen zur Konsolidierung spezifische Konzepte, wie u. a. *Transport Pooling* oder *Integrated Forwarders* zur Anwendung (Mau 2003, S. 78 f.).

5.6.2 Transitpunkt und Gebietsspediteurkonzept

Konsolidierung kann auch durch Einbindung eines bestandslosen Umschlagpunktes (Transitpunkt) erreicht werden, indem eine Umgruppierung von lieferantenreinen Sendungen in relations- und empfängerreine auf Ladungsträgerbasis (z. B. Palette) Sendungen erfolgt. In diesem Zusammenhang wird auch von *cross docking* gesprochen (Hertel et al. 2005, S. 128–131). Kommt es zu einem Wechsel des Verkehrsträgers, spricht man von *transshipment* (Gleißner 2000, S. 180).

Wenn aus verschiedenen Quellen einer Region Transportgüter eingesammelt und einem oder mehreren Empfängern zugestellt werden, spricht man von *Quellkonsolidierung*. Eine Form der Quellkonsolidierung ist das *Gebietsspediteurkonzept* (Schulte 2013, S. 210). Hier organisiert ein Logistikdienstleister im Auftrag eines Abnehmers (Empfänger/Verlader) die Sammlung und Bündelung von Sendungen von Lieferanten in einem abgegrenzten Gebiet sowie den Transport der Sendungen bis zur Produktionsstätte des Abnehmers (Stölzle und Gareis 2002, S. 413).

Voraussetzungen für das Gebietsspediteurkonzept sind:

- Lieferbedingung ab *Werk* (vgl. Kap. 5.6.5), d. h. der Gebietsspediteur arbeitet im Auftrag des Abnehmers,
- die Ware ist für die Zusammenladung und gemeinsame Transporte geeignet,
- es besteht keine hohe Eilbedürftigkeit,
- abstimmbare Liefertermine und Beladezeiten zwischen Lieferanten,
- die Lieferanten sind ausreichend räumlich in der Region konzentriert.

Der Abnehmer (Empfänger/Verlader) bestimmt:

- die Zuordnung des Gebietsspediteurs zum Standort der Lieferanten,
- die Festlegung der Prozesse des Lieferanten an der Schnittstelle zum Gebietsspediteur, z. B. Terminierung Versandbereitschaft, Fixierung Abholavis von Lieferanten an Gebietsspediteur,
- die Vorgaben an den Gebietsspediteur hinsichtlich Transportmittel, Behälter, Ladungsträger, Zeitfenster für Abladestelle, Lieferzeiten.

Der Gebietsspediteur verantwortet:

- die Durchführung der Sammeltouren nach einem Fahrplan,
- die Konsolidierung der Einzelsendungen in zentralen Transitpunkten,
- den Transport zum Abnehmer in Form zielreiner Komplettladungen (vgl. Kap. 7.4.4).

Durch die Konzentration auf einen Spediteur je Sammelgebiet wird die Koordination der Termine mittels zentraler Disposition vereinfacht (vgl. Kap. 5.5.1). Dadurch steigt die Zuverlässigkeit der eingehenden Lieferungen. Kostensenkungen ergeben sich im Wesentlichen aus der Konsolidierung der Warenströme. Die

Bündelung einer Vielzahl von Einzelsendungen zu empfängerbezogenen Sammelladungen führt zu einer Reduzierung von Verkehren und damit zu einer geringeren Umweltbelastung sowie zu reduzierten Transportkosten (Vahrenkamp 2005, S. 233).

5.6.3 Konsolidierungs- und Güterverkehrszentren

Konsolidierungszentren finden sich in der Praxis häufig in Form von externen Beschaffungslagern (auch *just-in-time-Lager*). Dorthin erfolgt die Anlieferung der Beschaffungsgüter von mehreren Lieferanten in ein oftmals von einem Logistikdienstleister betriebenes Lagerhaus. Die Belieferung an die Abnehmer kann dann bedarfsorientiert (*just in time, just in sequence*) abgewickelt werden. Voraussetzungen hierfür sind:

- eine horizontale Kooperation zwischen Lieferanten,
- die Konsolidierung beim Vorlauf zum Beschaffungslager,
- die Konsolidierung beim Nachlauf zum Abnehmer,
- eine lieferantenübergreifende Konsolidierung bei Kommissionierung und Verladung,
- die einsatzsynchrone Belieferung.

Güterverkehrszentren (GVZ) sind transportlogistische Knotenpunkte an denen Transport- und Logistikdienstleister angesiedelt sind und so eine Vernetzung zwischen den Verkehrsträgern möglich ist (Kummer 2010, S. 169). An einem GVZ sollten mindestens zwei Verkehrsträger Straße/Schiene (Multimodalität), eine Schnittstelle in Form von Umschlagknoten von Nah- und Fernverkehr (Überregionalität) sowie vielfältige logistische Dienstleister und andere transportvor- und -nachgelagerte Dienstleister (Multifunktionalität) eingebunden sein (Schulte 2013, S. 215). Ziele von Güterverkehrszentren sind u. a.

- Gewinnung von Rationalisierungspotenzialen bei der Leistungserstellung, z. B. durch Bündelung von Transporten
- gemeinsame Nutzung von Informations- und Kommunikationssystemen sowie Datenbeständen,
- Verkehrsvermeidung durch Transportbündelung und Vermeidung von Leerfahrten,
- Gemeinsame Nutzung von Umschlag- und Lagereinrichtungen,
- Unterstützung von kleinen und mittleren Unternehmen und Unterstützung einer großräumig ausgewogenen Raumstruktur.

5.6.4 Citylogistik-Konzepte

Citylogistik-Konzepte haben das Ziel, die Ver- und Entsorgung von Innenstädten zu optimieren (Vahrenkamp 2005, S. 413–418). Das Transportaufkommen in Städten ist durch eine starke Unpaarigkeit der Transportströme, d. h. im Allgemeinen höherer Warenzu- als Warenabflüsse, geprägt. Die Lagerflächen in den Geschäften sind – zur Bestandsverminderung und damit zur Verringerung der Kapitalbindung – aufgrund hoher Mieten auf ein Minimum geschrumpft, was wiederum zu einer täglichen, u. U. mehrmaligen Anlieferung führt. Die innerstädtischen Transporte werden vor allem durch Straßengütertransporte (Lkw, Kombifahrzeuge) erbracht (vgl. Kap. 3.1).

Zentraler Ansatz von Citylogistik-Konzepten ist die partielle Entlastung der Innenstädte von Wirtschaftsverkehr durch Bündelung des Ausliefer- und Abholverkehrs und die Reduzierung der Zahl der täglichen Innenstadtfahrten. Die Auslastung der verbleibenden Fahrten wird dadurch erhöht und es kommt zu einer Verringerung der innerstädtischen Stauintensität.

Zu den Konzepten gehören auch die Errichtung von Cityterminals in direkter Stadt-Randlage, betrieben von Transportunternehmen, Speditionen und KEP-Dienstleistern (Bretzke und Barkawi 2010, S. 190). Weitere Überlegungen beinhalten die Nutzung von öffentlichen Nahverkehrsmitteln (S- und U-Bahnen) für den innerstädtischen Gütertransport.

5.6.5 Liefer- und Transportkonditionen

Die Einrichtung von Konsolidierungskonzepten und die Ausschöpfung von Konsolidierungspotenzialen sind i. d. R abhängig von der im Transportnetz zwischen Lieferanten und Kunden vereinbarten *Frankaturen* (Gleißner und Möller 2009, S. 5). Unter Frankatur versteht man die Liefer- und Transportkonditionen. Diese sind insbesondere im internationalen Warenverkehr ein wichtiges Instrument. Die Auslegung handelsüblicher Vertragsformeln wird über International Commercial Terms (Incoterms), die den Kosten- und Gefahrenübergang betreffen, geregelt.

Bei nationalen Transporten ist zwischen „Frei Haus-" und „Ab Werk-Zustellungen" zu unterscheiden. Im Fall der *Frei-Haus-Zustellung* trägt der Lieferant Kosten und verbundene Verpflichtungen, z. B. für Lieferzeit und Schadensfreiheit. Zum Teil übernimmt er weitergehende Leistungen, wie z. B. das Entladen. Für den Abnehmer findet der Gefahrenübergang am Empfangsort statt, d. h. der Lieferant ist für die vollständige und pünktliche Anlieferung verantwortlich.

5.6 Transportkonsolidierung

Bei einer *Ab-Werk-Anlieferung* trägt der Kunde die Transportkosten der Warenabholung und übernimmt die Verantwortung über die Auslieferung der Ware an den gewünschten Ort. Für den Lieferanten entfällt die Notwendigkeit einer eigenen Warenverteilstruktur. Der Abnehmer muss die Planung und Steuerung der Abholung und Zulieferung an den Empfangspunkten organisieren und den Logistikdienstleister beauftragen.

In der Praxis ist vermehrt eine *Frankaturumstellung* von „Frei Haus" auf „Ab Werk" zu beobachten („Wechsel der Systemführerschaft") (Prümper und Butz 2004, S. 265). Grundsätzliche Voraussetzung für die Umstellung auf „Ab Werk" ist die Volumenbündelung einzelner oder u. U. kooperierender Hersteller, Dienstleister oder Handelsunternehmen (Gleißner 2000, S. 189). Da die Frachtkosten bei „Frei Haus" ein Teil der Preisstellung sind, muss sichergestellt sein, dass bei Umstellung auf „Ab Werk" auch der tatsächliche Frachtkostenanteil abgegeben wird.

Transportleistungserstellung 6

6.1 Programm- und Leistungsgestaltung

6.1.1 Leistungsbreite

Im Rahmen der Programm- und Leistungsgestaltung werden die Produktleistungen mit ihren jeweiligen Eigenschaften, die Angebotsgestaltung sowie die Leistungsbreite und -tiefe eines Transportunternehmens entwickelt und festgelegt.

Unter *Produktleistungen* und *Angebotsgestaltung* fallen Produktvarianten, wie z. B. kundenindividuelle Transportleistungen oder Standardleistungen (vgl. Kap. 8.1). Die *Leistungsbreite* legt die Anzahl der verschiedenen Leistungsarten, die ein Transportunternehmen anbieten will, fest. Dabei kann es sich um Leistungen bezogen auf ein bestimmtes Transportgüterspektrum, wie z. B. temperaturgeführte oder Tiefkühltransporte, Sammelladungstransporte oder Gefahrguttransporte handeln (vgl. Kap. 7.4). Auch können geographische Regionen und Streckenrelationen das Leistungsspektrum sowie die Qualität der anzubietenden Leistungen bestimmen.

Qualitätseigenschaften der Transportleistung können wiederum z. B. Geschwindigkeit, Häufigkeit, Sicherheit oder Zuverlässigkeit sein. Letztere kann nach Laufzeiten- und Zuverlässigkeitskriterien, wie garantierte Einhaltung vorgegebener Abhol- und Zustellzeiten oder definierte Zeitfenster weiter unterschieden werden.

Neben den genannten Kriterien der Angebotsgestaltung ist hinsichtlich der Leistungsbreite zu entscheiden. Es ist festzulegen, inwieweit neben der Transportleistung weitere Leistungen, wie z. B. Lagerhaltung, Auftragsabwicklung, Dispositionstätigkeiten u. ä. angeboten werden sollen.

6.1.2 Leistungstiefe

Die *Leistungstiefe* entscheidet darüber, welche Leistungen das jeweilige Transportunternehmen selbst mit eigenen Ressourcen erstellt oder welche Teile dazu am Markt beschafft und von Dritten erstellt werden. Dabei wird über die Art und Anzahl der Transportmittel (Fahrzeuge, Waggons, Schiffstypen) sowie den Ladehilfsmittel (Sattelauflieger, Anhänger, Wechselbrücken) entschieden (vgl. Kap. 3).

Die Leistungstiefe kann anhand des Ausmaßes der vertikalen Integration eines Transportunternehmens gemessen werden. Transportunternehmen besitzen eine hohe Leistungstiefe, wenn sie die Leistungen, die sie in einem Transportnetz anbieten, mit eigenen Kapazitäten erbringen und sämtliche dafür erforderlichen Betriebsfunktionen in der eigenen Organisation vorhalten. Hohe Leistungstiefen weisen Systemdienstleister, wie z. B. KEP-Dienstleister auf (vgl. Kap. 7.4.5). Sie erbringen als sogenannte Integrators sämtliche Teilbereiche der Leistungserstellung durch eigene Ressourcen (Lenz 2004, S. 165). So verfügen sie z. B. über eigene Frachtflugzeuge und Umschlagdepots.

Lässt ein Transportunternehmen dagegen einen Teil der Transportleistungen durch andere Unternehmen, wie Spediteure oder spezielle Absatzmittler (Agenten, Makler) erstellen bzw. vermarkten, ist der Integrationsgrad gering. So werden z. B. die Transportleistungen in Stückgutnetzen zu einem überwiegenden Teil durch Frachtführer (Subunternehmen) erbracht.

6.2 Leistungserstellung

6.2.1 Produktionsfaktoren und Produktionsbedingungen

Die Leistungserstellung von Transportunternehmen erfolgt im Transportnetz und kann, wie bei Produktionsunternehmen, durch die Dimensionen Output, Input und Throughput definiert und beschrieben werden. Das Transportnetz ist dabei das Produktionssystem des Transportunternehmens (Janz 2003, S. 38–40).

Der *Output* stellt das Leistungsprogramm dar. Hier werden die Leistungsarten und Leistungsmengen festgelegt, die im Transportnetz erstellt werden sollen. Hierauf aufbauend werden wiederum die dafür erforderlichen Inputfaktoren, d. h. *Produktionspotenziale* ermittelt, mit deren Hilfe im Leistungserstellungsprozess (*Throughput*) die gewünschten Leistungsarten und -mengen erstellt werden sollen.

Mit *Input* sind *Produktionsfaktoren* gemeint. Sie können bei Transportunternehmen in interne und externe Produktionsfaktoren unterschieden werden. Die *internen Produktionsfaktoren* umfassen sämtliche Verbrauchsfaktoren, immate-

6.2 Leistungserstellung

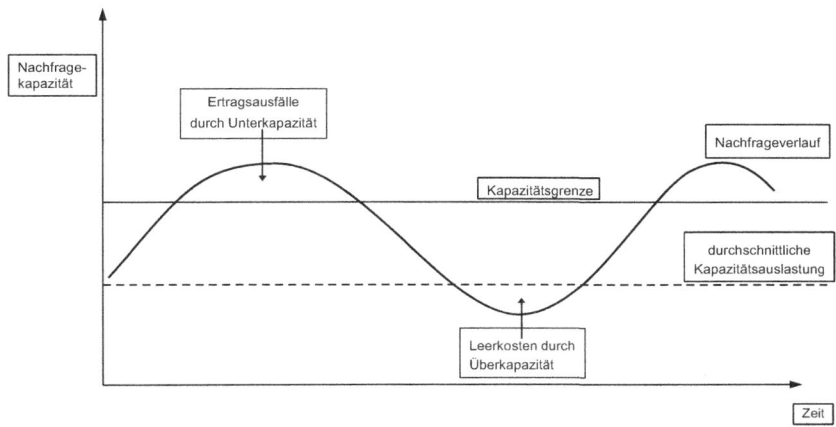

Abb. 6.1 Ausgleichprogrammplanung. (Quelle: Vgl. Wolf 2001, S. 61)

rielle Potentialfaktoren, Grundstücke, Gebäude und Anlagen, transportspezifisch materielle Potentialfaktoren, Transportmittel, Transportgefäße, Verkehrswege und Verkehrsstationen sowie dispositive Faktoren.

Die Transportleistungserstellung erfolgt durch Transportmittel und -gefäße in Verbindung mit den Verkehrswegen, auf denen sich die Transportmittel und -gefäße bewegen. Stationen sind die Abfahrts- und Ankunftsorte der genutzten Verkehrswege und können bspw. Umschlagpunkte, Lagergebäude, Depots etc. sein.

Externe Produktionsfaktoren sind im Transportleistungserstellungsprozess das Transportgut oder -objekt sowie die Beteiligung des Auftraggebers (Versender) (vgl. Kap. 7.2). Im Leistungserstellungsprozess wird das Transportobjekt nämlich nicht vom Leistungsanbieter bereitgestellt, sondern vom Auftraggeber in den Leistungserstellungsprozess durch physische Übergabe eingebracht. Neben der Übergabe der Güter ist gleichermaßen die Übergabe von Information, wie bspw. Angaben über den Zielort der Transportgüter, notwendig.

Aufgrund dieser Bedingungen kann das Transportunternehmen nicht, wie Anbieter von Sachleistungen, alle Produktionsfaktoren selbständig disponieren. Dies führt dazu, dass Transportleistungen nicht auf Vorrat für den anonymen Markt produziert werden können. Daher sind Ertragsausfälle durch nicht ausreichende Kapazitätsbereitstellung zu vermeiden und Leerkosten durch nicht in Anspruch genommene Kapazitäten bestmöglich aufeinander abzustimmen (Ausgleichprogrammplanung). Abbildung 6.1 verdeutlicht diesen Zusammenhang bei angenommener Nachfrage nach Transportleistungen.

Diese Bedingungen sind bei allen Festlegungen des Produktionsprogramms in Form von *Fahrplänen* zu berücksichtigt, in dem Transportleistungen auf im Voraus festgelegte Strecken (Routen, Fahrgebiete) und Zeiten (Abfahr-, Ankunftszeiten, Transportdauer) bedient werden.

Wesentliche Herausforderung bei der Leistungserstellung ist eine hohe Bereitstellungsflexibilität der Kapazitäten, mit der die Leistungsbereitschaft an Nachfrageschwankungen angepasst werden kann. Bei großer Nachfrage kommt z. B. als Handlungsoption ein verstärkter Einkauf von Transportleistungen am Markt in Betracht. Bei Unterauslastung kann u. U. über spezielle Preisangebote und Konditionen auf die Flexibilität der Nachfrage eingewirkt werden, um so die Transportkapazitäten gezielt auszulasten (Resch 2010, S. 210–211) (vgl. Kap. 9.3.3).

6.2.2 Leistungserstellungsprozess

Der Leistungserstellungsprozess stellt die Kombination der internen und externen Produktionsfaktoren unter Verwendung eines Throughput-Prozesses mit dem Ziel der Transformation der Inputfaktoren in die angestrebten Ergebnisse, den Output, dar. Der Prozess durchläuft die Stufen Vorkombination und Endkombination. In der *Vorkombination* werden die erforderlichen Leistungspotentiale aufgebaut und bereitgestellt. Ziel der *Endkombination* ist, durch den Einsatz der Leistungsbereitschaft weiterer interner Produktionsfaktoren sowie der Integration externer Faktoren, absetzbare Leistungen zu erstellen. Ergebnis des Leistungserstellungsprozesses ist die *Transportleistung* (Janz 2003, S. 14).

Weiterhin handelt es sich beim Prozess der Erstellung von Transportleistungen um eine *Verbundproduktion*, die *transportmittelbezogen* weitere spezifische Ausprägungen aufweisen kann. So liegt im Straßengütertransport (vgl. Kap. 3.1) zum einen eine fahrzeugbezogene Verbundproduktion vor, wenn verschiedene Transportgüter durch ein Fahrzeug transportiert worden sind. Dies ist z. B. bei Teilladungs- und Sammelladungstransporten der Fall (vgl. Kap. 7.4.3 und 7.4.4). Davon zu unterscheiden sind die *infrastrukturbezogenen* Verbundproduktionen. Bei diesen werden im Rahmen der Leistungserstellung unterschiedliche Infrastruktureinrichtungen, wie Transportwege, -stationen und Umschlageinrichtungen sowohl für Personen- als auch Gütertransporte genutzt (Kummer 2010a, S. 85). Eine solche Verbundproduktion liegt z. B. beim Schienengüter- und Luftfrachttransport vor (vgl. Kap. 3.2 und 3.5).

Die Leistungserstellung in *Transportnetzen* erfolgt allerdings nicht nur durch einzelne Transportunternehmen. Vielmehr sind wechselseitige Ergänzungen von Leistungen mehrerer Anbieter in einem Transportnetz zu berücksichtigen

6.2 Leistungserstellung

(vgl. Kap. 7.2). Es kann sich dabei um Komplementär- und Ergänzungsleistungen sowie Leistungen von Infrastrukturanbietern handeln (Bernecker und Reiß 2011, S. 12–14). *Komplementärleistungen* liegen z. B. im Kombinierten Verkehr vor, wo Bahn- oder Schiffstransportleistungen sowie Straßengütertransportleistungen für den Vor -und Nachlauf erforderlich sind. Zusätzlich wird zu den Leistungen der Transportunternehmen das Angebot von *Infrastrukturanbietern*, wie u. a. Flug- und Seehäfen, Rangierbahnhöfen, KV-Terminals benötigen (vgl. Kap. 4). *Ergänzende Leistungen* werden z. B. von Anbietern für die Wartung und Instandhaltung von Transportmitteln oder Transportversicherern bereitgestellt.

6.2.3 Potenzialgestaltung und Kapazitätsplanung

Aufgabe der Potentialgestaltung ist die Bereitstellung der notwendigen Produktionsressourcen und -kapazitäten für die Durchführung des Leistungserstellungsprozesses eines Transportunternehmens. Unter *Kapazitäten* wird das quantitative und qualitative Leistungsvermögen von Potentialfaktoren und Personalressourcen verstanden. *Quantitatives Leistungsvermögen* ist die Leistungsaufnahme, so z. B. die Kapazitäten eines Transportmittels oder des gesamten Transportnetzes. Mit *qualitativen Leistungsvermögen* ist die Problemlösungsfähigkeit der Transportkapazitäten gemeint, wie sie z. B. durch Qualitätsmerkmale von Transportleistungen ausgedrückt werden.

Die *Potentialgestaltung* erfolgt im Rahmen der Potentialplanung. Diese kann in eine strategische, taktische und operative Potentialplanung unterschieden werden (Wolf 2000, S. 63–80):

- In der *strategischen Potentialplanung* erfolgt die Grobplanung der Transportmittelkapazitäten. Die Anzahl und Kapazität von Fahrzeugen und der zu bedienenden Transportstrecken wird festgelegt,
- Die *taktische Potentialplanung* behandelt die Grobplanung der Stationen und deren Umschlageinrichtungen (Umschlagmittel, Personalressourcen),
- In der *operativen Potentialplanung* erfolgt die kurzfristige Steuerung der Kapazitäten.

Im Rahmen der Kapazitätsplanung von Transportmitteln sind die Querschnitts- und Periodenkapazität als zu planende Größen zu unterscheiden (Ihde 1991, S. 7–8). Die *Querschnittskapazität* beschreibt die Leistungsfähigkeit in Form einer zeitpunktbezogenen gewichts- und volumenmäßigen Aufnahmefähigkeit des jeweiligen Transportmittels. Die Querschnittskapazität ist z. B. die Gesamttonnage einer

Reederei zu einem bestimmten Zeitpunkt. Die *Periodenkapazität* gibt die Auswahl der einsatzbereiten gewichts- und volumenbestimmten Transportmittel sowie deren Einsatzdauer in einer Zeiteinheit an. Die Veränderung der Fahrgeschwindigkeit beeinflusst dabei der Umlaufgeschwindigkeit des Transportmittels und damit die Periodenkapazität.

Die Leistungsaufnahmefähigkeit kann weiter in eine Betriebs- und Marktleistung unterschieden werden (Kummer 2010a, S. 353–357). *Betriebsleistung* ist die angebotene Leistung des Transportunternehmens (z. B. Bruttoregistertonnen in der Schifffahrt). Die *Marktleistung* ist die am Markt abgesetzte bzw. vom jeweiligen Auftragnehmer tatsächlich in Anspruch genommene Leistung (z. B. Tonnenkilometer) (vgl. Kap. 2.2).

Davon zu unterscheiden ist der *Auslastungsgrad* der Kapazitäten. Dieser nimmt Bezug auf die Laderaumausnutzung des Transportmittels und kann, bezogen auf Gewicht, Volumen oder Entfernung, in Form von Gewichts-, Volumen- und Entfernungsauslastung gemessen werden. Kennzahlen hierfür sind u. a.:

- Gewichtsauslastung: tatsächliches Nutzgewicht/max. Nutzgewicht,
- Volumenauslastung: tatsächliches Ladevolumen/max. Ladevolumen.
- Entfernungsauslastung: Transportmittel-Lastkilometer/Transportmittel-Gesamtkilometer.

6.3 Kosten und Kostenstrukturen

6.3.1 Transportkostenarten

Kosten lassen sich in Leistungs- und Bereitschafts- sowie Einzel- und Gemeinkosten unterscheiden. Als *Leistungskosten* oder variable Kosten werden die Kosten bezeichnet, die vom tatsächlich realisierten Leistungsprogramm abhängig sind und sich automatisch mit Art, Menge und/oder Preis der Leistungen sowie den Bedingungen des Erstellungs- und Vermarktungsprozess ändern können. *Bereitschaftskosten* bzw. fixe Kosten sind die Kosten, die aufgrund erwartungsbedingter Beschaffungs- und Bereitstellungsentscheidungen entstehen und nicht von den tatsächlich erbrachten Leistungen abhängen, sondern die Voraussetzungen für die Schaffung eines Leistungsprogramms darstellen.

Die Leistungserstellung im Transportwesen ist in den meisten Fällen durch einen hohen Fixkostenanteil geprägt (Hoffmann und Rech 2010b, S. 43–45). Zu den *Fixkosten* zählen vor allem die Anschaffungskosten der Transportmittel, de-

6.3 Kosten und Kostenstrukturen

ren Versicherung, zu zahlende Steuern und Abgaben sowie die Personalkosten bei entsprechend fixen Monatslöhnen. Allerdings sind Bereitschaftskosten langfristig auch veränderbar und können z. B. durch Personalabbau oder Outsourcing reduziert werden. Ein Aufbau der Transportkapazität führt in der Regel zu einem sofortigen Anstieg der Bereitschaftskosten.

Der Bereich Schienengüterverkehr, Luftfahrt sowie der Schiffstransport (vgl. Kap. 3.2, 3.3 und 3.5) haben neben den ohnehin überdurchschnittlichen hohen Investitionen für ihre Verkehrsmittel, eine zusätzliche Belastung des Fixkostenanteils durch Vorhalten eigener Infrastruktur (Bahnhöfe, Abstellhallen, Hangers usw.). Die Nutzung solcher Infrastruktureinrichtungen sowie die teuren Transportmittel erhöht die Kapitalintensität in diesem Transportbereich erheblich, womit der Anteil der Fixkosten an den Gesamtkosten (immer) größer wird.

Einzelkosten sind Kosten, die Kostenträgern direkt zugerechnet werden können. Für diese Zurechnung müssen entsprechende Kostenträger definiert werden. Im Transport können dies der einzelne Transportauftrag oder eine zu bedienende Transportstrecke sein. Als *Kostenstelleneinzelkosten* werden Kosten bezeichnet, die auf einer Kostenstelle direkt, d. h. ohne Schlüsselung verteilt werden können.

Beispielhaft lassen sich die Kostenarten im *Straßengütertransport* (vgl. Kap. 3.1) als zeitabhängige, d. h. beschäftigungsunabhängige Periodeneinzelkosten bezogen auf einzelne Transportmittel abgrenzen. Zu diesen zählen u. a. Abschreibungen, Zinsen, Kfz-Steuer, Versicherung, Fuhrparkverwaltung. Beschäftigungsabhängige Periodeneinzelkosten sind z. B. Reparaturen, Wartung, Kraftstoff.

Gemeinkosten hingegen sind Kosten, die für mehrere Bezugsobjekte gemeinsam anfallen. Übliche Bezugsobjekte sind z. B. Kostenträger, d. h. für den Markt bestimmte Sach- und Dienstleistungen oder Kostenstellen des betrieblichen Leistungserstellungsprozesses. Gemeinkosten können nur über Schlüssel den einzelnen Bezugsobjekten zugerechnet werden. So werden Kostenträger-Gemeinkosten über Schlüssel der Mengeneinheit eines Produktes oder einer Dienstleistung zugerechnet. Die Kostenstellen-Gemeinkosten werden mit Schlüsselgrößen auf die Kostenstellen verteilt (vgl. Kap. 9.3.2).

Die *variablen Kosten* sind der Teil der Gesamtkosten, der mit dem Umfang der tatsächlichen Transportleistungserstellung variiert. Zu den variablen Kosten zählen vor allem die Betriebsstoffe, leistungsabhängige Wartung und Reparatur der Fahrzeuge und Transportmittel sowie ggf. Verkehrsinfrastrukturabgaben (Hafen-, Flughafen-, Straßenbenutzungsgebühren etc.) (vgl. Kap. 4) und teilweise die Kosten für das Personal. Werden Leistungen von Subunternehmen für die Leistungserstellung von Transportleistungen bezogen, dann handelt es sich bei den Einkaufspreisen um variable Kosten.

6.3.2 Transportkostenstrukturen

Für den Transportbereich ist festzustellen, dass die Kosten einer Leistungserstellungseinheit bei gleicher Auslastung mit steigenden Kapazitäten sinken. Dies ist damit zu begründen, dass sowohl die Investitions- als auch die Betriebskosten unterproportional mit dem Kapazitätsquerschnitt (vgl. Kap. 6.2.3) der Transportmittel zunehmen (Henning et al. 2003, S. 405). Beispiele hierfür sind das Größenwachstum der Schiffs- und Flugzeugkapazitäten (Mega-Containerschiffe, Großraumflugzeug A 380) (vgl. Kap. 3.3 und 3.5) oder im Straßengütertransport die Entwicklung des Gigaliners (vgl. Kap. 3.1).

Aufgrund der Fixkostenintensität der Leistungserstellung ergibt sich eine geringe Anpassungsfähigkeit der Leistungserstellung auf Nachfrageschwankungen. Dadurch können die Kosten der Leistungserstellung nicht entsprechend der geringen Kapazitätsauslastung gesenkt werden (Hoffmann 2010a, S. 194). Die Auslastungsproblematik wird durch die Größe der Betriebsmittel im Transportwesen und die Unteilbarkeit der Produktionsfaktoren verstärkt. Mit steigender Kapazitätsgröße der Betriebsmittel steigt somit der Zwang zur Auslastung.

Die Kostenstrukturen im Transportsektor können allerdings durch Transportmittelwechsel (vgl. Kap. 5.3.1) verändert werden. Dies ist z. B. bei einem Wechsel von Straßen- auf Schienentransport möglich. Die Kostenstrukturen im *Schienengütertransport* (vgl. Kap. 3.2) weisen dabei relativ niedrige beschäftigungsabhängige Kosten auf. Dafür sind die Gemeinkostenanteile im Vergleich zu anderen Transportmitteln hoch.

Ähnliche Kosteneinflussgrößen weisen auch *Binnenschiff-* (vgl. Kap. 3.4) und *Seetransporte* (vgl. Kap. 3.3) auf. Aufgrund der hohen Massenleistungsfähigkeit sind die Kostenstrukturen der Binnen- und Seeschifffahrt bei größeren Gütermengen und Entfernung je Transporteinheit gering.

Dagegen sind die laufenden Betriebskosten von Unternehmen des *Straßengütertransports* (vgl. Kap. 3.1) durch eine vergleichsweise günstige Kostenstruktur gekennzeichnet. Im Vergleich zu anderen Verkehrsträgern betragen die Fixkosten in der Regel hier deutlich weniger als die Hälfte der Gesamtkosten. Betrachtet man allerdings die Kostenstrukturen von Transportleistungen, wie sie *Sammelladungsunternehmen* oder *KEP-Dienstleister* erstellen (vgl. Kap. 7.4.3 und 7.4.5), dann sind die Stations- und Depotkosten hinzuzurechnen, die eine Fixkostenstruktur bis zu 80 % der Gesamtkosten aufweisen können (Klaus 2008, S. 967).

6.3.3 Transportkostenfunktionen

Transportkostenarten und -strukturen nehmen einen wesentlichen Einfluss auf die Kostenfunktion der Transportmittel (Aberle 2003, S. 277–280).

Bei *Bahntransporten* (vgl. Kap. 3.2) sind die wesentlichen Kosten Personal, Material und Zinsen. Die beschäftigungsabhängigen Kosten und die kurzfristigen Grenzkosten sind entsprechend niedrig. Aufgrund des hohen Kapazitätsquerschnitts weisen die Betriebskosten einen degressiven Verlauf auf. Dadurch sind die Transportkosten der Bahn ab einem bestimmten Ladungsaufkommen und Transportentfernung günstiger als die des LKW.

Im *Straßengüterverkehr* (vgl. Kap. 3.1) handelt es sich bei beschäftigungsunabhängigen Einzelkosten um Abschreibungen, kalkulatorische Zinsen, Steuerzahlungen und Versicherungskosten. Beschäftigungs- und entfernungsabhängige Kosten sind Reparaturen und Wartung, die ca. 1/3 der Gesamtkosten ausmachen können. Kraft- und Schmierstoffe und Personalkosten belaufen sich auch auf ca. 1/3 der Gesamtkosten.

In der *Binnenschifffahrt* (vgl. Kap. 3.4) liegen beschäftigungsabhängige Kosten in Form von Treibstoffen, Wasserstraßen- und Schleusen- sowie Umschlag- und Hafengebühren vor. Diese können bis 1/4 der Gesamtkosten betragen. Beschäftigungsabhängige Kosten sind in einem gewissen Umfang Personal, kalkulatorische Zinsen und Versicherungsprämien. Einzel- und Gemeinkosten werden bezogen auf eine Schiffsreise unterschieden.

Im *Luftverkehr* (vgl. Kap. 3.5) sind beschäftigungsabhängige Kosten bezogen auf ein Flugzeug der Treibstoff, die Flughafengebühren, flugzeitabhängige Abschreibungen und Flugsicherungskosten.

Teil III
Transportmärkte

Charakteristika und Rahmenbedingungen

7.1 Einordnung der Transportmärkte

Auf den Transportmärkten treffen Transportangebot und Transportnachfrage aufeinander. Marktteilnehmer sind zum einen die Anbieter von Transportleistungen (Transportunternehmen, Frachtführer, Spediteure) sowie Nachfrager in Form von Verladern, Versendern oder Auftraggeber (Industrie-, Handelsunternehmen, öffentliche Unternehmen) und Empfänger.

Unternehmerisches Handeln im Allgemeinen, wie auch bezogen auf Transport, erfordert ein Mindestmaß an Informationen, Kenntnissen und Bewertungen über den jeweiligen *Marktplatz*, auf dem Angebot und Nachfrage zusammentreffen. Der Transportmarkt – oder differenziert betrachtet auch die vielen zusammenhängenden einzelnen Transportmärkte – wird durch die in Tab. 7.1 dargestellten Merkmale und den daraus folgenden Konsequenzen charakterisiert.

Neben diesen beschreibenden Eigenschaften des Marktes sind es konkret identifizierbare Einflussfaktoren, die grundsätzliche Auswirkungen auf das Transportgeschäft und am Ende auf jedes einzelne Transportunternehmen selbst haben. Die Einflussfaktoren und deren Wirkungsgrad gilt es zu identifizieren und die Maßnahmen des Transportmanagements bis hin zur Unternehmensstrategie insgesamt darauf abzustimmen.

In Abb. 7.1 sind die Einflussfaktoren mit einigen beispielhaften Wirkungselementen für den Transportmarkt dargestellt.

Tab. 7.1 Merkmale von Transportmärkten. (vgl. Kille und Schwemmer 2014, S. 34–35)

- Globales Aufgabenspektrum der Geschäfte
  ⇒ volatiles Transportvolumen, hoher Kosten-/Leistungswettbewerb/externe Risiken
- Hohe Produktvielfalt in der Transportkette (Individualisierung)
  ⇒ steigende Komplexität und Spezialisierung
- Kurze Produktlebenszyklen
  ⇒ steigende Anforderungen an Flexibilität, Schnelligkeit und Technologie der Transportverbindung
- schwache und volatile Nachfrage nach traditionellen Produkten und Dienstleistungen die Transportleistungen implizieren (post-industrielle Wirtschaft)
  ⇒ Abbau traditioneller Bulk-Transportkapazitäten
- Hohe Dynamik der Märkte
  ⇒ wechselnde Ausliefer-/Abholzielgebiete
- Wahrnehmung von Logistik, Transport und Services als Marketinginstrument
- Umwelt und Nachhaltigkeitsanforderungen an moderne Transportangebote
- Kurze Cash-to-Order-Zeiten (Durchlaufzeitminderung, Bestandvermeidung) vs. Auslastung von Transportkapazitäten
  ⇒ differenziertes Managementhandeln
- Perfektionierung der Technologien insbesondere im Bereich IT und Kommunikation
  ⇒ steigendes Know-How
- Angebotsausdehnung und -spezialisierung auf dem Logistik- und Transportdienstleistungsmarkt
  ⇒ steigende Komplexität und Vielfalt/Innovationen
- Verschiebung der logistischen Kontrollspanne (vom Verlader zum Dienstleister)
  ⇒ mehr Verantwortung erhöht den Koordinierungsaufwand, schafft aber zusätzlichen Gestaltungsspielraum
- Integration der Transportdienstleistungen als Element der gesamten Wertschöpfungskette
  ⇒ hoher Abstimmungsbedarf
- Bedarf an Logistik-Know-how und Logistik-Innovationen
  ⇒ verstärkte wissenschaftliche Auseinandersetzung mit dem Themenfeld Transport/Anstieg der Lehr-/Studienangebote

7.2 Akteure im Transportmarkt

Neben den Transportmitteln (vgl. Kap. 3) und Transportketten (vgl. Kap. 5.2) als technisch-organisatorisch ausgerichtete Gestaltung von Transportsystemen, lassen sich institutionelle Unterscheidungen nach den beteiligten Akteuren vornehmen. Im Einzelnen lassen sich auf der Anbieterseite Carrier, Frachtführer, Spediteure, Kurier-, Express-, Paketdienstleister unterscheiden. Den Anbietern stehen die

7.2 Akteure im Transportmarkt

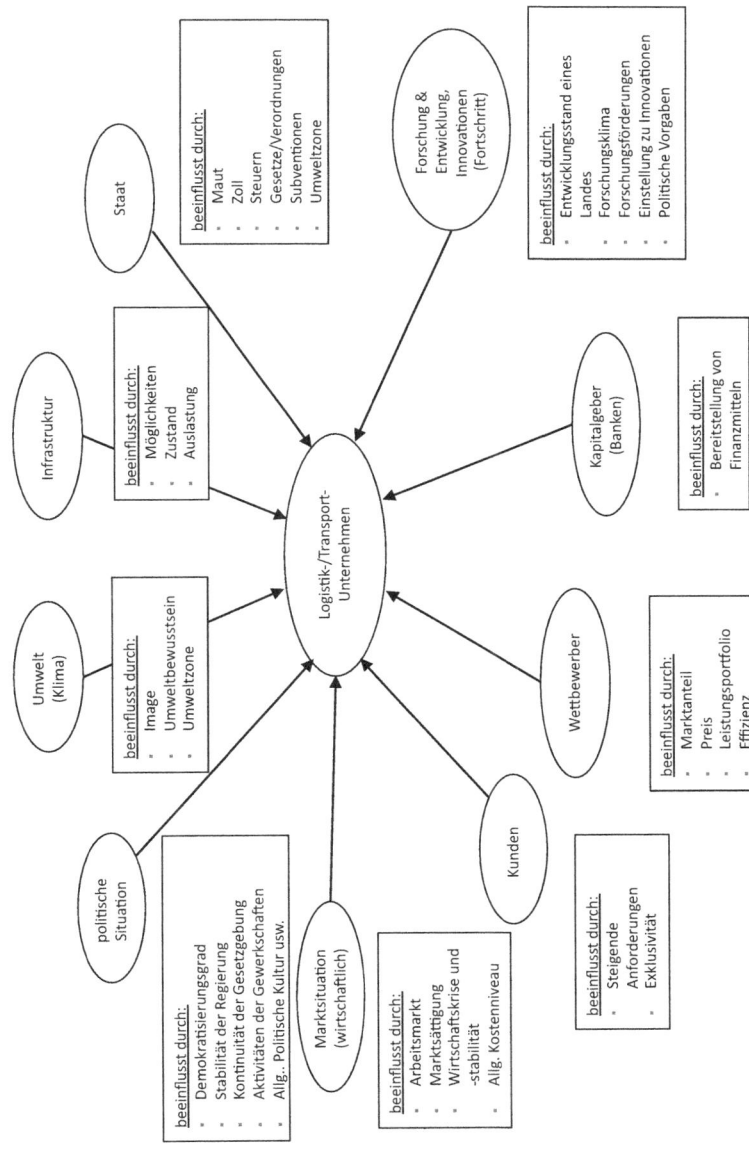

Abb. 7.1 Einflussfaktoren auf den Markt (Quelle: Vgl. Macharzina, Wolf 2015, S. 13; Rüegg-Stürm 2002, S. 22)

Nachfrager von Transportleistungen als Verlader, Versender, Auftraggeber oder Empfänger gegenüber.

Die *Betreiber* von Transportsystemen lassen sich wiederum hinsichtlich der von ihnen eingesetzten Technologien differenzieren. So gibt es, bezogen auf jeden Verkehrsträger, sogenannte *Carrier*. Dies sind Unternehmen, die Transporte in Eigenverantwortung durchführen, wie z. B. Fluggesellschaften, Reedereien, Partikuliere und Eisenbahngesellschaften. Im Seeverkehr werden Carrier auch als Verfrachter bezeichnet. In § 7 Abs. 1 HGB ist der Frachtführer beschrieben, der durch den Frachtführervertrag verpflichtet ist, das Gut zum Bestimmungsort zu befördern.

Spediteure wiederum sind nach § 453 Abs. 1 HGB Unternehmen, die sich durch den Abschluss von Verträgen verpflichten *Güterversendungen* zu besorgen. Dabei ist die klassische Spediteursleistung nicht durchführender, sondern dispositiver Natur. Es ist die Vermittlung zwischen Nachfragern nach Transportleistung (Verlader) sowie Anbietern von Transportleistungen (gewerblicher Güterverkehr) (vgl. Kap. 6.2).

Dazu gehört auch die verkehrsträgerneutrale Organisation der Güterversendung. Im *Selbsteintritt* (§ 458 HGB), als sogenannter speditioneller Gemischtbetrieb, können die Transportleistungen und die anderen Leistungen auch selbst erbracht werden. Die Ausrichtung der Spedition besteht auf bestimmte Verkehrsträger oder Leistungsbereiche, so z. B. als Lkw-, Bahn-, Luftfracht-, Seehafenspediteur (vgl. Kap. 3).

Den Anbietern auf Transportmärkten stehen die *Verlader* gegenüber (vgl. Kap. 7.1). Verlader ist der Versender und Auftraggeber der Transportaufträge, der diese nicht selbst ausführt sondern einen entsprechenden Transportdienstleister damit beauftragt (Geiger 2013, S. 63; Winter 2013, S. 86). Die Gesamtheit aller Verlader wird auch als „verladende Wirtschaft" bezeichnet, da sie die Verladung vor der Transportdurchführung vornehmen (Muschkiet und Ebel 2013a, S. 126).

Vom Verlader als Versender zu unterscheiden ist der *Empfänger* der Ware. Beim Empfänger kann es sich um Industrie- und Handelsunternehmen oder auch private Haushalte als Endabnehmer handeln. In Abhängigkeit der vereinbarten Lieferbedingungen (Frankatur) ist der Empfänger in die Transportabwicklung mit eingebunden. So beauftragt der Empfänger z. B. die Transportdurchführung bei Ab-Werk-Lieferungen (vgl. Kap. 5.6.5).

7.3 Wettbewerbsbedingungen und Marktsituation

Die Wettbewerbsbedingungen auf Transportmärkten lassen sich in einen *äußeren* und *inneren* Wettbewerb unterscheiden. Mit äußeren Wettbewerb ist der Wettbewerb mehrerer Verkehrsträger zueinander, so z. B. die Eisenbahn zum Straßenver-

7.3 Wettbewerbsbedingungen und Marktsituation

kehr gemeint. Der innere Wettbewerb beschreibt der Verkehrsträger und Transportanbieter untereinander, d. h. wie beispielsweise der Straßengüterspediteur A im Wettbewerb zum Straßengüterspediteur B steht.

Transportmärkte weisen eine hohe Marktdynamik auf. Dies ist u. a. zurückzuführen auf:

- zunehmende Deregulierung und Globalisierung der Märkte,
- Bildung von unternehmensübergreifenden Wertschöpfungsnetzen durch Industrie- und Handelsunternehmen,
- wachsende Bedeutung von Informations- und Kommunikationstechnologien.

Diese Entwicklungen führen zu zunehmende Anforderungen an die Transportdienstleister. Die bisher durch eine mittelständische Anbieterstruktur geprägte Transportwirtschaft ändert sich erheblich. Durch den Aufkauf von Transportunternehmen durch Groß- und Konzernunternehmen nimmt die Größe der am Markt tätigen Transportunternehmen einerseits permanent zu. Andererseits erhöhen sich dadurch die Eintrittsbarrieren für Mittelständler bzgl. des Betreibens von flächendeckenden Transportnetzen (vgl. Kap. 5.1).

Betrachtet man die einzelnen Transportmärkte, so können folgende Entwicklungen festgestellt werden (Jockel 2015, S. 46–50):

Die *Binnenschifffahrtsmärkte* in Europa sind einem hohen Wettbewerbsdruck mit niedrigen Frachtraten ausgesetzt. Dies, obwohl das Transportaufkommen und die Transportleistung in den letzten Jahren kontinuierlich zugenommen haben.

Der Wachstumstrend in der *Luftfracht* wird sich langfristig fortsetzen. Andererseits bestehen uneinheitliche Frachtratenentwicklungen, abhängig vom Angebot auf den jeweiligen Destinationen. Es ist zu erwarten, dass sich die Wettbewerbsintensität durch Übernahmen weiter erhöhen wird.

Verkehrsaufkommen und -leistung nehmen im *Eisenbahngüterverkehr* kontinuierlich zu. Dabei hat vor allem der Anteil an Privatbahnen erheblich zugenommen. Lag der Anteil 2004 noch bei 10,2 % am deutschen Gesamtschienenfrachtaufkommen, so leisteten bereits 2010 ca. 300 Privatunternehmen auf dem Netz der Deutschen Bahn AG annähernd 25 % des Transportaufkommens. Es wird von einer weiteren Marktverschiebung zugunsten der Privatanbieter ausgegangen, womit sich das Angebotsmonopol der Bahn weiter zunehmend auf ein Verkehrswege(Trassen-)monopol reduzieren wird (Aberle 2003, S. 64). Im grenzüberschreitenden Verkehr dehnen die Bahnunternehmen ihr Leistungsangebot in Richtung logistischer Dienstleistungen durch Übernahmen von Transportunternehmen und Spezialisten immer mehr aus.

Die Entwicklungen auf den *Straßengüterverkehrsmärkten* sind vor allem durch den hohen Konkurrenzdruck getrieben. Wie kaum ein anderer Transportmarkt be-

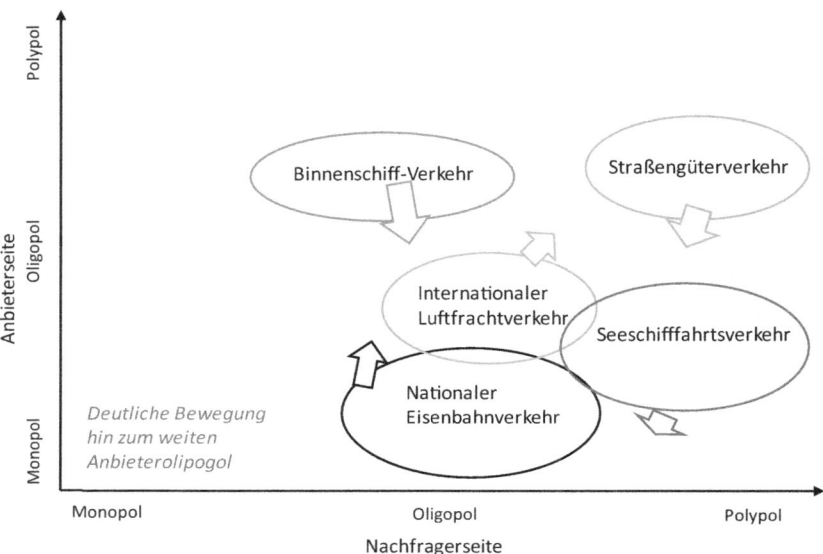

Abb. 7.2 Entwicklung der Verkehrsmärkte in Deutschland. (Quelle: In Anlehnung an Jockel 2015, S. 44)

steht die Tendenz zum Preisverfall aufgrund rückläufiger Transportmengen. Geplante Mauterhöhungen und Einführung von Straßenbenutzungsgebühren auch auf Bundesstraßen führen zudem mittelfristig zu weiteren Kostensteigerungen, die immer schwieriger an die Verlader weitergegeben werden können. Weiterhin ist eine Aufweichung der einzelnen Marktsegmente, wie z. B. im Sammelguttransport zu beobachten. Das Dienstleistungsangebot wird aus Sicht der Nachfrager immer vergleichbarer und damit austauschbar. Eine Bildung von Kernkompetenzen und Spezialisierung der Anbieter ist immer weniger möglich. Folge solcher Bedingungen ist, dass die Vermarktung der Dienstleistungen überwiegend preisorientiert erfolgen kann, was wiederum zu einem hohen Preiswettbewerb unter den Anbietern führt. Diese Bedingungen erhöhen den Wettbewerb auf den Märkten und verändern die Anbieterstruktur durch Marktverdrängung und Marktkonzentration.

Abbildung 7.2 zeigt die Entwicklungen der Transportmärkte, bezogen auf Deutschland, mit ihren anbieter- und nachfrageseitigen Veränderungen. Zum einen besteht die Gefahr der Bildung von engen Anbieteroligopolen, z. B. durch weitere Anbieterkonzentration in der Binnenschifffahrt und im Straßengüterverkehr. Zum anderen ist insbesondere im Schienengüterverkehr eine deutliche Verbesserung der Marktsituationen hin zu einem „funktionierenden Markt" zu erkennen. Zusammenfassend lassen sich deutliche Bewegungen hin zu einem weiten Anbieteroligopol daraus erwarten (Jockel 2015, S. 44).

7.4 Marktsegmente und Transportprodukte

7.4.1 Segmentierungskriterien

Die im vorangegangenen Abschnitt dargestellten, vielfältigen Elemente und Einflussfaktoren erzeugen ein Höchstmaß an Komplexität, dem sich das Transportmanagement gegenübersieht. Ein Ansatz, um die Komplexität zu reduzieren, ist die Segmentierung des Transportmarktes nach verschiedenen Kriterien.

Die grundsätzliche Segmentierungssystematik richtet sich nach Ort, Zeit bzw. Dauer des Transportes und nach den Transportobjekten sowie deren Beschaffenheit (Gewicht, Volumen usw.). Eine solche allgemeine Segmentierungsmatrix ist in Abb. 7.3 dargestellt.

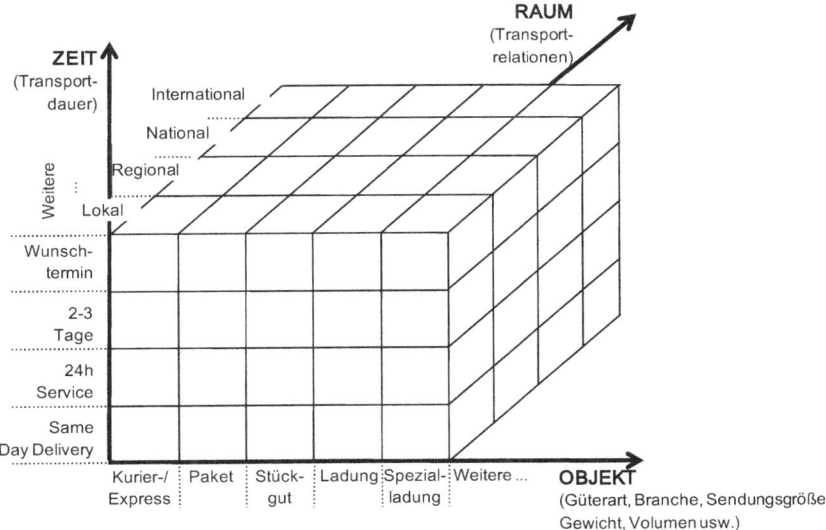

Abb. 7.3 Segmentierungsmatrix des Logistikmarktes nach Objekt, Raum und Zeit. (Quelle: Vgl. Müller-Steinfahrt 1995, S. 23)

Tab. 7.2 Weitere gängige Segmentierungskriterien. (Quelle: Vgl. Kille und Schwemmer 2014, S. 91)

Segmentierungskriterium	Beispiele
• Transportobjekte	Lebensmittel-Transporte
• Auftraggeberbranchen. bzw. Kundentypen	Verlagslogistik
• Auftrags- und Abwicklungstypen	Expressfracht
• Transportmittel	Tank- und Silotransporte
• Vernetzungsstrukturen	Relationsspediteure
• Funktionszusammenhänge	Distributions-, Ersatzteillogistik
• Unternehmenstyp und -größe	Trucker vs. Logistikkonzern

Mit Hilfe dieser Segmentierungsmatrix gelingt es, alle Transportleistungen (vgl. Kap. 6.1.1) und jedes Transportunternehmen einem oder mehreren Feldern in dieser Grafik zuzuordnen.

Weitere gängige Segmentierungskriterien sind in Tab. 7.2 dargestellt.

Die gängigsten dieser Segmentierungskriterien haben in den TOP 100 (Kille und Schwemmer 2014, S. 92–93) eine Aufteilung des Transportmarktes in 13 Teilmärkte der Logistikdienstleistungswirtschaft erfahren. Diese Einteilung deckt alle Transportaktivitäten des gewerblichen Güterverkehrs nahezu vollständig ab. Eine Übersicht dieser Teilmärkte findet sich in Tab. 7.3. Nachrichtlich und der Vollständigkeit halber, weil es sich auch um eine den Wirtschaftsprozess unterstützende Transportaktivität handelt, ist der Markt der *Mail- bzw. Postdienste* mit aufgeführt. Als nicht selbstständiges, sondern den jeweiligen Verladern zuzuordnendes Element im Transportsektor, ist der *Werkverkehr* an dieser Stelle auch nachrichtlich zu erwähnen (vgl. Kap. 3.1).

Neben der oben dargestellten, mehrheitlich branchenorientierten Segmentierungssystematik, ist in Abb. 7.4 auch noch eine Systematik nach Unternehmenstypen und -größen dargestellt. Diese Systematik versucht eine Positionierung der Unternehmenstypen im Transportsektor nach der Komplexität ihrer Leistung und ihrem Organisationsgrad.

Im Folgenden werden einige Marktangebote mit hoher Relevanz näher erläutert.

7.4.2 Stückgut- und Massenguttransporte

Stückgüter sind individuelle Güter in festem Zustand, die einzeln gehandhabt und informatorisch erfasst werden können. Hierzu zählen unverpackte Güter, Packstü-

7.4 Marktsegmente und Transportprodukte

Tab. 7.3 Teilmärkte der Logistikdienstleistungswirtschaft. (vgl. Kille und Schwemmer 2014, S. 92–93)

cke und Ladeeinheiten. Die Gewichte reichen von 25 bis 3.000 kg. Stückgutsendungen sind i. d. R sehr heterogen und bestehen aus mehreren Versandeinheiten. Stückgüter in großen Mengen werden auch als Massenstückgut bezeichnet (Bjelicic 1990, S. 46).

Schüttgüter in Form von körnigen oder staubförmigen Gütern sowie flüssige und gasförmige Güter werden überwiegend in großen Mengen transportiert. Demnach handelt es sich bei diesen um Massengüter. Diese Eigenschaften treffen auch in vielen Fällen auf landwirtschaftliche Produkte, wie z. B. Getreide zu.

Entsprechend wird bei Massenstückgut und Massengütern von *Massenguttransporten* gesprochen. Der Transport von flüssigen, gasförmigen und rieselfähigen Gütern erfordert in der Regel spezielle Transportmittel, wie Tank- und Kesselwagen oder Silofahrzeuge (vgl. Kap. 3).

7.4.3 Sammelladungen

Weit verbreitet für die Beförderung von Stückgut- oder Kleinsendungen ist der Sammelladungsverkehr. Bei Sammelladungstransporten bewirkt der Spediteur die Versendung der Gütersendungen verschiedener Versender gemeinsam als Sammelgut (Sammelsendung bzw. -ladung).

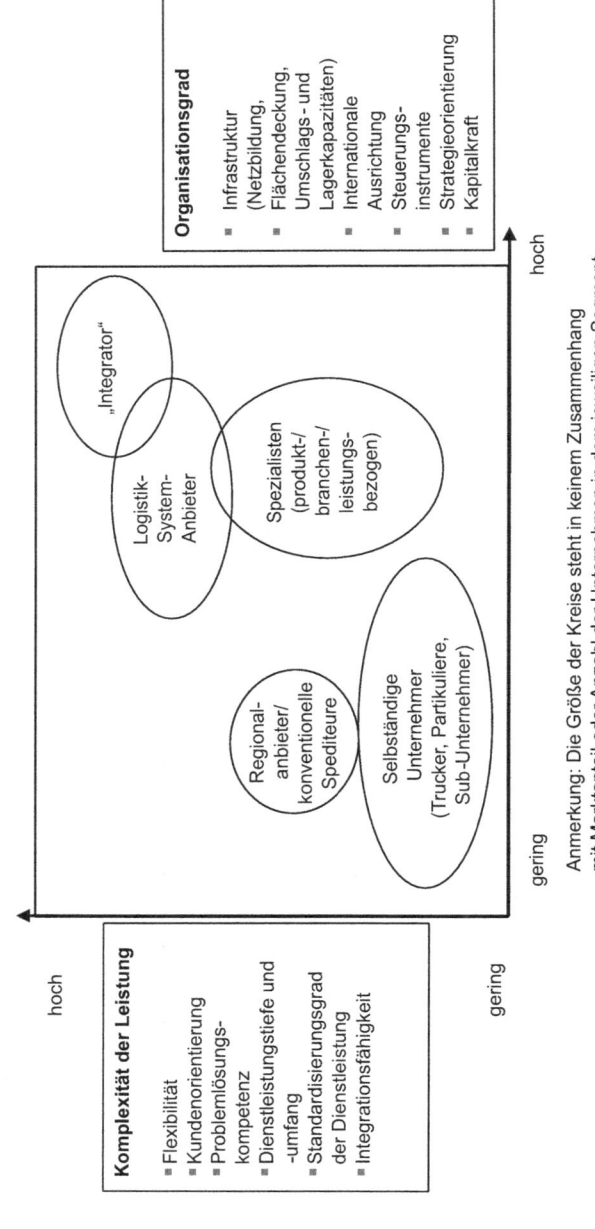

Abb. 7.4 Positionierung der Unternehmenstypen im Transport-/Speditionswesen. (Quelle: Vgl. Deutsche Gesellschaft für Mittelstandberatung mbH (DGM) 1995, S. 47)

7.4 Marktsegmente und Transportprodukte

Die Transportkette beim Sammelgutverkehr beinhaltet (Wolf 2000, S. 16–17):

- die räumlich und zeitliche Konsolidierung der gesammelten Sendungen möglichst vieler Versender für Empfänger in denselben Zielgebieten,
- den Transport über möglichst weite Strecken gemeinsam in einem Transportmittel,
- die Auflösung der Sammelladung in Zielgebieten,
- die Verteilung der Sendungen auf die Empfänger.

Der Vorteil der Sammelfunktion liegt in der Erzielung von Größeneffekten durch eine höhere Kapazitätsauslastung der Transportmittel, was zu einer Reduzierung der Transportkosten pro Sendung führt (vgl. Kap. 6.3).

Der Sammelladungsverkehr ist ein wichtiger Teilmarkt des *Kleingutverkehrs* zu dem auch die Kurier-, Express- und Paket-Dienstleister und die Postdienste gehören (vgl. Kap. 7.4.5).

7.4.4 Teil- und Komplettladung

Vom Sammelgutverkehr ist der Ladungsverkehr zu unterscheiden. Dort erfolgt der Transport von Sendungen, die das Transportmittel nicht ganz (Teilladungsverkehr) oder vollständig (Komplettladungsverkehr) auslasten. Der Begriff Sendung umfasst alle Güter, die dem Spediteur von einem Versender mit einem Speditionsauftrag übergeben werden und die für einen Empfänger bestimmt sind. Sie kann mehrere Einzelaufträge umfassen; umgekehrt kann ein einzelner Auftrag über mehrere Sendungen befördert werden.

Ladungsverkehre werden im Rahmen von Linienverkehren angeboten, d. h. die Transporte werden nach festen, dem Verlader bekannten Fahrplänen abgewickelt. Bei nur sporadisch oder fallweise auftretendem Transportbedarf oder auf Transportstrecken mit hoher Unpaarigkeit des Transportaufkommens werden die Transportleistungen in Form von Gelegenheits- oder Bedarfsverkehren angeboten. So z. B. in der Seeschifffahrt (vgl. Kap. 3.3) als Trampschifffahrt (Biebig et al. 2008, S. 55) oder in der Luftfracht (vgl. Kap. 3.5) als Charterverkehr (Pompl et al. 2007, S. 35–43).

7.4.5 KEP-Dienstleistungen

Im Gegensatz zu Sammelgutspediteuren haben sich *Kurier-, Express- und Paket-Dienstleister (KEP)* auf bestimmte Transportobjekte, wie Dokumente oder Pakete

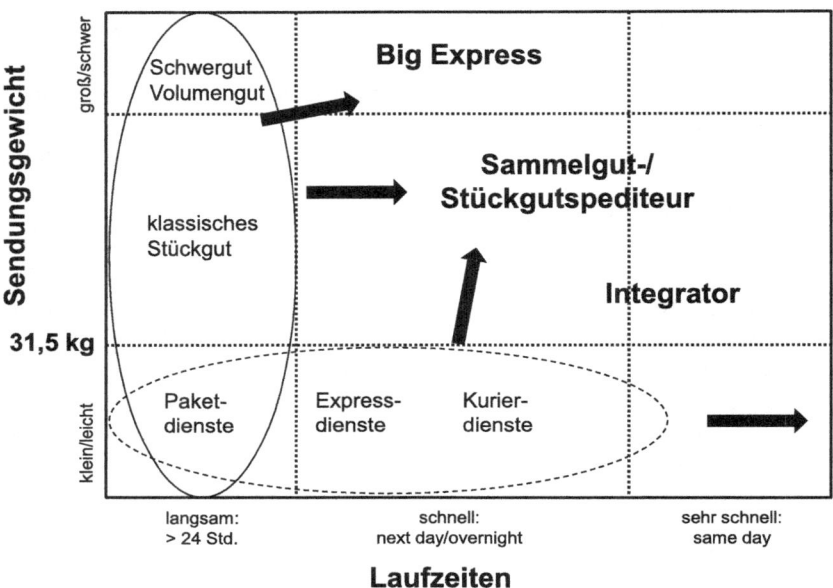

Abb. 7.5 Wettbewerbsmatrix: Spediteur/Integrator. (Quelle: Vgl. Bjelicic 2005, o. S.)

mit Gewichtsbeschränkung spezialisiert, deren Sendungen meistens nur eine Einheit umfassen. Bei diesen Leistungen bestehen hohe Anforderungen an die Laufzeiten und Zuverlässigkeit. *Express- oder Schnelllieferdienste* wickeln Transporte von Sendungen mit oder ohne Gewichts- und Abmessungsrestriktionen ab. Auch hier steht Schnelligkeit, in Verbindung mit garantierter Zuverlässigkeit, im Vordergrund. *Paketdienste* bieten Transporte von Ein-Stück-Paketsendungen für die Gewichts- und Abmessungsrestriktionen (z. B. max. Gewicht 31,5 kg; max. Gurtmaß 3 m) bestehen.

KEP-Dienstleister sind häufig Integrators (Integrated Service Carrier), die die gesamte Transportkette abbilden (vgl. Kap. 5.2). Sie erbringen Verkauf und Produktion der Leistung durch eigene Flugzeuge, Umschlageinrichtungen und Fahrzeuge selbst. Integrators bauen ihre Transportnetze weltweit weiter aus. Erweiterung oder vollständige Aufhebung von bisher geltenden Gewichtsbeschränkungen führen dabei zu einer zunehmenden Überlappung der Geschäftsfelder zwischen Integrators, Sammelgutspeditionen und KEP-Dienstleister mit entsprechender Zunahme des (Substitutions-) Wettbewerbs zwischen diesen, wie Abb. 7.5 verdeutlicht.

7.4.6 Grenzüberschreitende und internationale Transporte

Transporte können innerhalb nationaler Grenzen oder grenzüberschreitend stattfinden. Bei der Gestaltung von *internationalen Logistiksystemen* ist die Transportnetzplanung (vgl. Kap. 5.1) auf die Anforderungen grenzüberschreitender Transporte zu übertragen. Im Vordergrund stehen dabei vor allem die Zielgrößen Lieferservice und Transportkosten (Freichel 2002, S. 267).

Unter Lieferservicegesichtspunkten kommt der *zeitlichen Erreichbarkeit* bei internationaler Warenverteilung eine erhebliche Bedeutung zu. In verschiedenen geografischen Regionen existieren dabei unterschiedliche Anforderungen. So werden etwa innerhalb der EU oder in Großstädten und Ballungsgebieten gleiche Anforderungen unabhängig von nationalen Grenzen gestellt. Im Vergleich zu nationalen Strukturen steigt die Anzahl der Akteure und Institutionen in globalen Transportketten (vgl. Kap. 5.2.3). So sind beispielsweise mehrere Verkehrsträger, eine Vielzahl von Speditionen und Transport-Dienstleistungsunternehmen in weltweiten Logistikketten eingebunden.

Bezüglich der *Internationalisierung* von Transportnetzen folgen die Transportdienstleister den Anforderungen von Industrie und Handel (vgl. Kap. 8), wobei es allerdings Unterschiede zwischen den Akteuren und ihrem Dienstleistungsangebot gibt. Weltweite, flächendeckende Transportnetze bietet bislang kaum ein Dienstleister an. Europäische Netze sind dagegen deutlich ausgebaut. In Abhängigkeit des Angebots von (standardisierten) verkehrsträgerübergreifenden Transportnetzdienstleistungen in Verbindung mit (individuellen) Transportdienstleistungen entwickeln sich spezialisierte, multimodale Dienstleistungsunternehmen. Sie treten als Integrators, z. B. als KEP-Dienstleister (vgl. Kap. 7.4.5) sowie als Land-, Luft-, Seefracht- und Bahnfracht-Dienstleister in Form von *Multimodal Transport Operator (MTO)* (Kummer 2010b, S. 316) (vgl. Kap. 3) auf und bieten darüber hinaus auch vielfältige weitere Logistikdienstleistungen an (Lieb und Lang 2003, S. 454).

7.4.7 Sonstige Transporte

Neben den genannten Transportprodukten und ihren jeweiligen Märkten existieren eine Reihe weiterer Transportformen, die als Teil-, Sammel- oder Komplettladungen abgewickelt werden (vgl. Kap. 7.4.3 und 7.4.4). In den meisten Fällen ist spezielles Transportequipment (Fahrzeuge, Behälter, Ladehilfsmittel) erforderlich. So z. B. bei Schwertransporten, wo Fabrikanlagen, Bau- und Kraftwerksteile, Schiffskomponenten u. ä. auf Tiefladern transportiert und mit Kranfahrzeugen verladen werden.

Weitere spezielle Transportausstattungen sind für den Transport von Gefriergut, temperaturgeführten Gütern (verderbliche Ware, Lebensmittel) oder Gefahrgüter (Empfindlichkeit gegen Erschütterungen, extreme Temperaturen etc.) erforderlich, auf deren Angebot sich zahlreiche Transportunternehmen spezialisiert haben. Die sonstigen Transportangebote sind in Abb. 7.3 entweder ebenfalls explizit als Markt ausgewiesen oder in den jeweiligen Teilmärkten enthalten.

7.5 Verkehrspolitische Grundlagen

7.5.1 Rahmenbedingungen der Verkehrspolitik

Mit der zunehmenden Bedeutung ist der Transport auch in den Fokus der Verkehrspolitik gerückt. Die zunehmende Komplexität erzeugt einen vermehrten legislativen Regelungsbedarf zum Transport auf lokaler, nationaler und internationaler Ebene. Die zunehmende Ressourcenverknappung und die durch die Erderwärmung in das Bewusstsein gerückte Umweltrelevanz des Transports rufen die Politik mehr denn je auf den Plan. Unter diesen Aspekten steht auch die europäische Verkehrspolitik der EU. Sie beschäftigt sich mit den Schwerpunktthemen Ausbau und Erhalt der Verkehrsinfrastruktur, Errichtung pan-europäischer Verkehrskorridore, freier Marktzugang und Weiterentwicklung nachhaltiger Transporttechnologien.

Mit der Fortentwicklung der Industrialisierung nach Ende des 1. Weltkrieges und dem Durchbruch des Lkw setzte eine beispiellose nationalstaatliche Regulierung der Güterverkehrsmärkte in Europa ein. Zunächst zum Schutz der Bahn gegenüber dem boomenden Lkw-Verkehr, blieben die Beschränkungen in Europa bis Mitte der achtziger Jahre zum Schutz der nationalen Verkehrsmärkte und Branchen bestehen. Erst die konsequente Politik der Liberalisierung des EU-Binnenmarktes führte zu einer Auflösung der bis dahin konzessions- und tariforientierten Verkehrsmarktgestaltung. Die Deregulierung erzeugte auf den nationalen Verkehrsmärkten heftige Turbulenzen, die infolge zu Marktbereinigung und starken Veränderungen in der Wettbewerbssituation führten. Der Markt kennzeichnet sich heute durch eine europaweit oligopolartige Anbieterstruktur mit wenigen großen Logistikkonzernen und vielen kleinen Transportunternehmen und Nischenspezialisten.

Schwerpunkt der *deutschen Verkehrspolitik* ist in diesen Jahrzehnten die Verkehrssteuerung (Stauvermeidung), die Erhaltung der Verkehrsinfrastruktur und die Erhöhung der Umweltverträglichkeit des Verkehrs. Neben vielen Maßnahmen zur Verkehrsvermeidung und Emissionsreduzierung steht damit insbesondere eine Stärkung des Verkehrsträgers Schiene (vgl. Kap. 3.2) im Zusammenhang.

7.5 Verkehrspolitische Grundlagen

Weitere Aktivitäten gingen von der Politik in den vergangenen Jahrzehnten aus, wie u. a. (Pfohl 2000, S. 369–373; Heiserich et al. 2011, S. 78–81):

- 1999: Multimodale Verknüpfung durch verkehrsträgerübergreifende Vernetzung von Transportvorgängen im 1999 entwickelten Konzept einer „integrierten Verkehrspolitik"
- 1999: Internalisierung der externen Kosten des Verkehrs durch Einführung der Ökosteuer in Deutschland
- 2005: Lkw-Maut als Verkehrswegabgabe erhoben
- 2007: Einführung der Feinstaubverordnung und Schaffung von Umweltzonen, die nur noch schadstoffarmen Fahrzeugen die Zufahrt zu bestimmten Gebieten erlauben
- 2008: Vorstellung des von der Bundesregierung erstellten „Masterplan Güterverkehr und Logistik" und in Folge „Aktionsplan Güterverkehr und Logistik (2012/2015)"

Die *Lkw-Maut* hat sich in Deutschland etabliert. Die Ausdehnung der Mautpflicht von Autobahnen auf Bundesstraßen sowie die Einbeziehung von Lkw's mit geringer Nutzlast und des Personenverkehrs ist ein weiterer Schritt. Fiskalpolitisch ist allerdings eine unmittelbare Zuordnung der Einnahmen aus der Maut zu den einzelnen Verkehrsträgern noch umstritten. Eine direkte Zuwendung der Einnahmen aus Verkehrsabgaben wird allerdings in Zukunft zur Erhaltung und zum leistungssteigernden Ausbau der Verkehrsinfrastruktur eine höhere Bedeutung gewinnen.

Die Einführung effizienzsteigernder technischer Neuerungen im Straßengüterverkehr, wie beispielsweise der *Lang-Lkw*, befinden sich in zaghaften Erprobungsphasen. Die Leistungsfähigkeit der Infrastruktur erscheint hier als limitierender Faktor.

Das Europaparlament hat schon in einem sehr frühen Stadium, bereits im Jahr 1974, die Zielrichtung für eine gesamteuropäische Verkehrspolitik gelegt:

> Die gemeinsame Verkehrspolitik soll systemkonform mit den Wirtschafts- und Sozialpolitiken der Errichtung eines gemeinsamen Verkehrsmarktes dienen, auf die Ziele der gemeinsamen Regionalpolitik ausgerichtet sein, die europäischen Verkehrswege als ein einheitliches zusammenhängendes Netz gestalten und den Verkehrsnutzern in einem nun nötigenfalls geregelten Markt bei Wettbewerb zwischen den Verkehrsarten und innerhalb jeder Verkehrsart die Wahl des Verkehrsmittels ermöglichen. (EVP-ED-Fraktion im EU Parlament 2004, S. 10)

Die Aufmerksamkeit der *EU-Verkehrspolitik* richtet sich dabei zum einen auf die Binnenverkehrsträger (Straßen-, Eisenbahnverkehr, Binnenschifffahrt) und zum anderen auf den Luft- und Seeverkehr (vgl. Kap. 3) mit globaler Ausrichtung einschließlich der dazugehörigen Infrastrukturpolitik (vgl. Kap. 4). Die gemeinsame Verkehrspolitik in der Europäischen Union ist dabei allgemein orientiert am reibungslosen Zusammenwirken der Verkehrsträger untereinander (Intermodalität), dem schnittstellenfreien Zugang und der Nutzung nationaler Verkehrsnetze (Interoperabilität) bei bestem Schutz der Umwelt (Sustainability). Konkrete Aufgaben sind das Vorantreiben der Liberalisierung des Verkehrssektors insgesamt (freier Zugang zu allen Verkehrsnetzen), die Verbesserung der Verkehrssicherheit, der Schutz der Arbeitnehmerrechte sowie die Verbesserung des transeuropäischen Verkehrsnetzes.

7.5.2 Verkehrskorridore

Die Errichtung und der Aufbau transeuropäischer Verkehrsinfrastrukturen (TEN) ist im EG-Vertrag von Maastricht verbindlich geregelt. Sie sollen hier als abschließendes Element zu den verkehrspolitischen Betrachtungen dargestellt werden. Zustand und Vernetzung der Verkehrswege sind stets ein bestimmendes Element für die Prosperität der Transportbranche. Das Ziel von TEN ist es Engpässe zu überwinden und den Güter- und Personenverkehr zwischen allen Regionen Europas zu ermöglichen, um den EU-Binnenmarkt mit seiner wirtschaftlichen und sozialen Integration zu gewährleisten.

In seiner Endausbaustufe soll das Transeuropäische Verkehrsnetz rund 75.200 km Straßen, 78.000 km Eisenbahntrassen, 330 Flughäfen, 270 Seehäfen und 210 Binnenhäfen umfassen (vgl. Kap. 4.1).

In diesem Zusammenhang hat die EU ein *TEN-Konzept* mit 9 Hauptgüterverkehrskorridoren vorgelegt, deren Realisierung über eine EU-Finanzierung gesteuert wird (EVP-ED-Fraktion im EU Parlament 2014, S. 64).

Die Korridore sind (vgl. auch Abb. 7.6):

1. Skandinavien-Mittelmeer Korridor
2. Nordsee-Baltikum Korridor
3. Nordsee-Mittelmeer Korridor
4. Baltikum-Adria Korridor
5. Orient-Ost-Mittelmeer Korridor
6. Rhein-Alpen Korridor
7. Atlantik -Korridor
8. Rhein-Donau-Korridor
9. Mittelmeer-Korridor

7.5 Verkehrspolitische Grundlagen 83

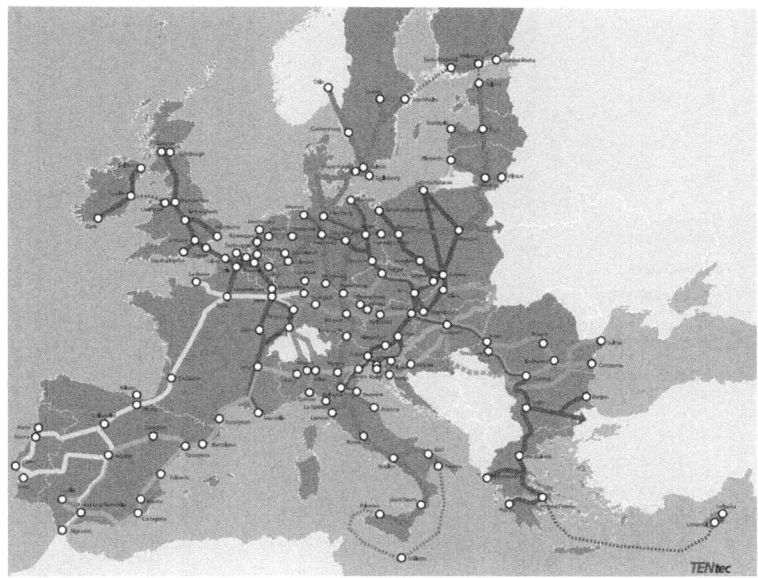

Abb. 7.6 TEN-Korridore der EU. (Quelle: Eurpean Commission, Mobility and Transport, online unter: http://ec.europa.eu/transport/infrastructure/tentec/tentecportal/site/en/maps.html)

7.5.3 Verkehrsaufkommen und Wertschöpfungsbeitrag

Das Gütertransportaufkommen hat in den vergangenen Jahrzehnten eine exorbitante Aufwärtsentwicklung erlebt. Ausgelöst durch die ausdifferenzierte Arbeitsteiligkeit der Wirtschaft, die zunehmende Globalisierung, die Industrialisierung von Logistik- und Transportprozessen sowie die damit einhergehende Professionalisierung und Effizienzsteigerung ist auch in den kommenden Jahren mit einem Anstieg des Aufkommens zu rechnen. Ressourcenverknappung und Umweltüberlegungen werden allerdings zu erheblichen strukturellen Verschiebungen im Güterverkehr beitragen. Ein Beispiel gibt die Abb. 7.7.

Entsprechend groß ist der Wertschöpfungsbeitrag der Logistik- und Güterverkehrswirtschaft zur Wirtschaftsleistung. Die Logistikwirtschaft in Deutschland erbringt mit 230 Mrd. € einen Anteil von 7,9 % zum Bruttosozialprodukt des Jahres 2014. Gleichzeitig beschäftigt die Branche in allen logistikrelevanten Feldern 2,9 Mio. Beschäftigte (Kille und Schwemmer 2014, S. 49, 59).

Abb. 7.7 Wirtschaftsräume in Europa – Die Blaue Banane. (Quelle: Ellrich 2014, o. S. (© Ernst Klett Verlag GmbH))

Die in Abb. 7.8 dargestellte Entwicklung, die auch die Krisenjahre zu Beginn dieses Jahrtausends nicht umzukehren vermochten, ist ein Indikator für ein auch in Zukunft prosperierendes Gebiet für wirtschaftliche Aktivitäten und Investitionen. Allein die knapper werdenden Energievorräte und die galoppierende Umweltverschlechterung können für den globalen Transport zu Einschnitten führen. Diese dürften allerdings eher zu einer Kreativitätssteigerung in der systemischen und technologischen Weiterentwicklung führen, so dass auch vor diesem Hintergrund der Transport als grundsätzliches Instrument nie in Frage gestellt werden wird.

Um unternehmensstrategische Entscheidungen vorzubereiten empfiehlt sich eine Auswertung der aktuellen Weißbücher, Verkehrswegeplanungen und Verordnungen der EU und der nationalen Regierungen sowie der verkehrspolitischen Dossiers und Positionspapiere von Branchenvereinigungen. Die nationalen Ansätze verkehrspolitischer Aktivitäten liegen auf ähnlichen Gebieten, sind bisweilen aber stark von fiskalpolitischen Überlegungen dominiert.

7.5 Verkehrspolitische Grundlagen

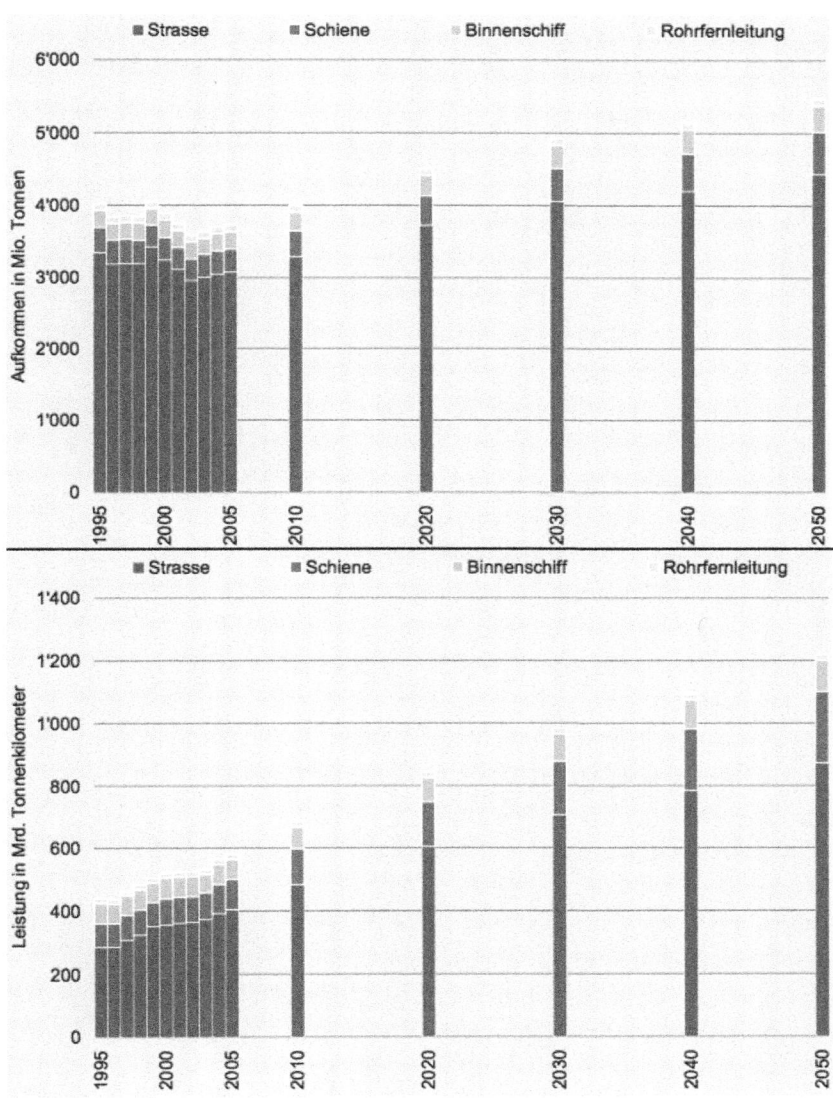

Abb. 7.8 Entwicklung Güterverkehrsaufkommen und -leistung bis 2050. (Quelle: Ickert et al. 2007, S. 101/110)

Transport-Branchenlösungen 8

8.1 Branchenlösungen von Industriegütertransporten

8.1.1 Automobil- und -zulieferindustrie

Branchenbezogene Transportkonzepte sind in der Industrie so vielfältig wie die einzelnen Industriezweige selbst. Daher können hier nur einige wenige Branchen und ihre Transportsysteme vorgestellt werden (Gleißner und Femerling 2012, S. 312–318).

Eine Schlüsselbranche ist die Automobilindustrie einschließlich der Zulieferindustrie. Die transportlogistischen Determinanten der Automobilindustrie sind vor allem:

- hohe Arbeitsteiligkeit der Wertschöpfungsketten,
- standortteilige Fertigung in Produktionsverbundsystemen,
- zunehmende Globalisierung der Transportketten.

Transportdienstleister spielen daher auch in der Automobilindustrie eine wichtige Rolle. Sie bewältigen sowohl die Transportaufgaben auf der Beschaffungsseite, die Ver- und Entsorgung der Produktions- und Montagestandorte mit Teilen und Modulen, die Übernahme von ersatzteillogistischen Aufgaben wie auch die Verteilung der fertigen Fahrzeuge zu den Händlern bzw. Kunden.

8.1.2 Elektronikindustrie

Wie die Automobilindustrie ist auch die Elektronik- und Computerindustrie stark arbeitsteilig strukturiert. Die Produktion erfolgt dabei mehrheitlich an Standorten in Asien in einem weltweiten Produktionsverbund. Dabei haben die einzelnen Produktionsstandorte jeweils eine geografische Vertriebszuordnung und eine regionale Distributionsverantwortung. Die Beschaffung der Materialien und Vorprodukte erfolgt aus den von allen Standorten genutzten globalen Liefernetzwerken und Transportketten. Ein leistungsfähiges Transportnetz europaweit tätiger Transportdienstleister gewährleistet eine Zustellung der Fertigprodukte innerhalb von 24 bis 48 h (Schmid 2001, S. 145).

8.1.3 Chemieindustrie

Eine weitere bedeutsame Branche ist die Chemieindustrie. Chemische Produktionsprozesse weisen im Vergleich zur Herstellung von Stückgütern eine Reihe von Besonderheiten auf, die unmittelbaren Einfluss auf die Gestaltung der Transportsysteme haben. Aufgrund der chemisch-physikalischen Eigenschaften der Materialien, die in gasförmigen oder flüssigen Aggregatzuständen, z. B. als Säuren oder fest als Schuttgüter auftreten können, sind für den Transport spezielle Einrichtungen und Fahrzeuge, wie z. B. Tanks, Silos, Rohre, Förderbänder, Tank-/Silowagen und Spezialfrachter, einschließlich der Einhaltung von Gefahrgutbestimmungen, notwendig. Zahlreiche auf die Chemiebranche spezialisierte Transportdienstleister sind in den Bereichen Lagerhaltung und Transport tätig. Eine hervorgehobene Rolle kommt den Verkehrswegen Wasser, Straße und Rohrleitungen wie auch dem Verkehrsträger Bahn zu (Buchholz et al. 1998, S. 87) (vgl. Kap. 3).

8.2 Branchenlösungen von Konsumgütertransporten

8.2.1 Stationärer Handel

Konsumgütertransporte finden vor allem zwischen Herstellern und Handelsunternehmen statt. Im Handel lassen sich die Geschäftsmodelle stationärer Handel, Distanz- oder Versandhandel sowie E-Commerce unterscheiden (Gleißner und Femerling 2012, S. 318–324).

Betrachtet man in einem ersten Schritt die Geschäftsmodelle nach den Betriebstypen des stationären Handels so sind dies:

8.2 Branchenlösungen von Konsumgütertransporten

- Filialisierte und nicht-filialisierte (Einzelhandels-)Fachgeschäfte,
- Warenhäuser,
- Verbrauchermärkte,
- SB-Warenhäuser,
- Fachmärkte und Discounter.

Anordnung und Anzahl der Anlieferpunkte, die Sortimentsstruktur, die physischen Produkteigenschaften (Größe, Volumen, Gewicht, Empfindlichkeit) sowie Form- und Verpackungsgestaltung beeinflussen in erheblichem Umfang die Transportlogistik (Gleißner und Femerling 2012, S. 318–321).

- Bei *Fachgeschäften* ohne Filialen erfolgt die Belieferung mit Ware im Allgemeinen durch Direktbelieferung der Hersteller oder des Großhandels.
- Bei *Warenhäusern* erfolgt die Abwicklung der Logistik abhängig von den Artikeleigenschaften und Sortimentsstrukturen entweder als Streckenbelieferung mit dezentraler Warenlagerung oder nach Sortimentsbestandteilen differenziert dezentralisiert. Dadurch können Bestandsrisiken reduziert und Kosteneinsparungen durch Transportbündelung in der Filialbelieferung realisiert werden.
- Die Belieferung von *Verbrauchermärkten* und *SB-Warenhäusern* ist oftmals noch durch Streckenbelieferung geprägt. Allerdings findet zunehmend auch die Belieferung immer größerer Sortimentsteile über Zentrallager statt. Auch kommen Konsolidierungskonzepte, wie Cross Docking immer mehr zur Anwendung (Mau 2003, S. 87) (vgl. Kap. 5.6.3).
- Große *Discounter* und Vollsortimenter betreiben meistens Zentrallager, um die Entfernung und damit die Transportkosten zu den Filialen möglichst gering zu halten. An die Transportsysteme von Discountern und Vollsortimentern werden aufgrund der verschiedenen Gängigkeiten der Produkte (Langsam-/Schnelldreher) unterschiedliche Anforderungen gestellt. Bei Langsamdrehern erfolgt eine Vereinzelung aus großen Gebindeeinheiten, die als Einzelsendungen versandt werden. Schnelldreher sind hingegen auf größere Stückzahlen auszulegen, wobei meistens ganze Paletten als Logistikeinheiten zusammengestellt werden.

8.2.2 Textilhandel

Weiterhin existieren eine Reihe produktbezogener Geschäftsmodelle, wie beispielsweise im Textilhandel. Diese sind sehr stark durch globale Beschaffungs- und Produktionsstrukturen geprägt. Die Transporte werden dabei mehrheitlich vom Handel gesteuert. Er beauftragt die Spediteure vor Ort mit der Abholung und Zusammenstellung der Sendungen im Ursprungsland, der Konsolidierung zu

Containerladungen sowie den anfallenden Vor- und Nachläufen. Gleiches gilt für die Übernahme im Bestimmungsland durch Transport- und Logistikdienstleister, die die Vereinzelung, Aufbereitung, Auszeichnung etc. der Textilien sowie die auftragsgerechte Filialzustellung durchführen.

8.2.3 Versand- und Internethandel

Beim *Versand- oder Distanzhandel* entfällt die Belieferung von Geschäftsstätten und Filialen, da die Ware direkt vom Lager zum Kunden geliefert wird. Ein entscheidender Erfolgsfaktor des Versandhandels ist dabei der Zustell- und Lieferservice. Bei der Zustellung werden unterschiedliche Konzepte angeboten. Sie reichen von der Hinterlegung einer Nachricht, über 24-Stunden-Service, Wunschterminanlieferung, abgestimmte Lieferzeitfenster bis hin zu Feierabend- und Samstagzustellung. Erhebliche Anforderungen bestehen im Versandhandel bei der Distribution von Großgütern, brauner und weißer Ware, wie z. B. Waschmaschinen, Kühlschränke, Fernseher sowie Möbel und Küchen (Gleißner 2003, S. 203).

Eine wesentliche Weiterentwicklung erfahren Geschäftsmodelle durch das Internet. Ein bedeutendes Beispiel hierfür sind elektronische Marktplätze, wo Angebot und Nachfrage im virtuellen Raum zusammengeführt, Preisbildungsprozesse organisiert und Abwicklungsprozesse informationstechnisch unterstützt werden (Femerling 2003, S. 211–213).

Anwendung findet der *Internethandel* vor allem im Geschäftsmodell des Business-to-Business (B2B) als Abwicklung sowohl zwischen Unternehmen und deren Partnern in der Wertschöpfungskette und zwischen Unternehmen und deren (End-) Geschäftskunden. E-Commerce kommt vor allem im Geschäftsmodell Business-to-Consumer (B2C) zum Ausdruck, was die Abwicklung von Transaktionen zwischen Unternehmen und Endverbrauchern beschreibt.

E-Business ermöglicht Herstellern, aber auch einzelnen Handelsstufen, den Übergang zum Direktvertrieb ihrer Produkte. Dies führt allerdings zwangsläufig zu einer Veränderung der Auftragsstruktur von wenigen großen Aufträgen, die bislang an den Handel geliefert wurden, zu vielen kleinen Aufträgen, die dann den Endkunden zugestellt werden. Dies hat unmittelbare Auswirkungen auf die Transportkosten. Die Transportstückkosten steigen aufgrund von Zustellfahrten mit vielen Stopps, wenigen Packstücken je Stopp und u. U. mehrfachen Anlieferungsversuchen, vor allem an Privatadressen (Letzte-Meile-Problematik).

Die transportlogistischen Anforderungen decken sich somit weitestgehend mit denen des Versandhandels. Dort müssen ebenfalls überwiegend Kleinsendungen in engen Zeitfenstern an den Kunden geliefert werden. Zusätzlich müssen E-Commerce-Systeme allerdings weiter steigende Kundenanforderungen bezüglich Schnelligkeit und Zuverlässigkeit erfüllen.

Markttransaktionen 9

9.1 Auftragsakquisition und Auftragsmanagement

9.1.1 Ausschreibung

Die Akquisition von anfallenden Transportmengen erfolgt bei Transportunternehmen durch *direkte Aufträge,* die von Kunden erteilt werden. Im Falle von (erstmaligen) Aufträgen von größeren Umfängen meist durch die Teilnahme an *Ausschreibungen.* Der erste Kontakt zwischen potentiellen Kunden und Transportunternehmen erfolgt dabei in Form eines „Request for Information" (RFI). Das Transportunternehmen erhält hier die Gelegenheit, sich und seine Leistungsfähigkeit darzustellen.

Mit dem *RFI* kann das Unternehmen überprüfen, ob die Anfrage des Kunden in sein Transportsystem passt und das Transportunternehmen grundsätzlich für die Ausführung geeignet ist. Aus den so eingegangenen Antworten, auf die im Rahmen einer Ausschreibung versandten RFI's, wählt das ausschreibende Unternehmen die Transportdienstleister aus, die ihm geeignet erscheinen die gestellten Anforderungen zu erfüllen. Das Ergebnis wird anschließend in Form einer Leistungsausschreibung „Request of Quotation" (*RFQ*) an die ausgewählten Transportunternehmen verschickt. Bis zu einem festgelegten Zeitpunkt können diese ihr Angebot anschließend vorlegen (Frings 2007, S. 155).

Die *Durchführung der Ausschreibung* von Transportleistungen sollte eine Kurzbeschreibung des Leistungsbedarfs, eine Tabelle mit den benötigten Leistungsmengen, eine vom Anbieter auszufüllende Preistabelle sowie die allgemeinen Einkaufsbedingungen für Transportleistungen beinhalten (Gudehus 1999, S. 843–846).

Für die *Leistungsvergütung* und *-kontrolle* sind Vereinbarungen zu Planungszeitraum und Vergütungsperioden sowie zu Qualitätsmängeln und Mängelabzügen zu treffen. Die Vereinbarungen sollten auch die Regelung des Auslastungsrisikos (z. B. in Form von Fixkostenvergütung oder Auslastungsgarantie), die Vereinbarung von Preisanpassung (Preisgleitklauseln) und das Festlegen von Rabatten (z. B. Mengenrabatte abhängig von Anzahl Ladeeinheiten, Transporten etc.) beinhalten (vgl. Kap. 9.3).

Das Vorsehen von *Leistungsmessungen* (Performance Measurement) sollte durch Verfolgung der Leistungsqualität mit Hilfe von Fehlerstatistiken und Reklamationen seitens des Auftragsnehmers vereinbart werden.

9.1.2 Vergabe

Die anschließende *Vergabe* von Transportaufträgen kann anhand folgender Phasen erfolgen:

- Erstellung einer Gesamtkonzeption für den Transport,
- Ermittlung des qualitativen und quantitativen Leistungsbedarfs,
- Festlegung der Vorgehensweise zur Vergabe (Vergabepolitik),
- Veröffentlichung der Ausschreibungsunterlagen,
- Prüfung der Angebote und Angebotsauswertung,
- Definition der Maßnahmen zur Kontrolle und Vergütung der Leistung.

In der *Gesamtkonzeption* der Unternehmenslogistik sind die benötigten Leistungsumfänge und Leistungsmengen zu bestimmen. Vorgaben in Form von Benchmarks für Transportkosten sowie Annahmen zu Investitionen und Betriebskosten für Umschlageinrichtungen u. ä. sind aufzustellen.

Im Rahmen der *Qualifizierung und Quantifizierung des Leistungsbedarfs* sind die benötigten Leistungsmengen, Vorgaben zur Erstellung der Leistungen und verursachungsgerechte Vergütungen festzulegen.

Bei der *Entwicklung und Verabschiedung der Vergabepolitik* sind die Ziele, die mit der Transportvergabe erreicht werden sollen, zu definieren. Es ist zu klären, was Kernkompetenz der Transportleistungen ist und was nicht und damit weiterhin selbst erstellt werden soll. Weiterhin sind die Grenzen der Fremdvergabe zu definieren.

Hat das Transportunternehmen den Zuschlag bei der Ausschreibung erhalten, sind die konkreten Transportaufträge abzuwickeln, was im Auftragsmanagement erfolgt. Beim *Auftragsmanagement* handelt es sich um die Bearbeitung von vorliegenden Auftragseingängen, die aus Kundenaufträgen bestehen. Folgende Prozessschritte lassen sich unterscheiden:

- *Auftragsannahme:* Bestehen langfristige Vereinbarungen oder Verträge zwischen Transportunternehmen und Auftraggeber, sind die Transportaufträge mit entsprechenden Preisen und Vertragsbedingungen abzuwickeln. Sporadische Aufträge sind im Einzelnen zu verhandeln und die Auftragskonditionen und -bedingungen festzulegen.
- *Auftragseinplanung*: Die Auftragseinplanung erfolgt durch die *Disposition* (vgl. Kap. 5.5.1). Hier werden die Aufträge zum einen den Transportmitteln und Ladehilfsmitteln, zum anderen das Personal zu den zu leistenden Transportaufträgen und Abwicklungsformen, wie z. B. zu festgelegten Touren, zugeordnet.
- *Auftrags- und Rechnungsverwaltung: beinhaltet* die Dokumentenerstellung, das Mahnwesen usw.

9.2 Vertrags- und Kundenmanagement

9.2.1 Vertragsrechtliche Grundlagen

Es existieren für die jeweiligen Transportmittel (vgl. Kap. 3) unterschiedliche vertragsrechtliche Grundlagen in Form von Regelungen in Gesetzen, Verordnungen und Allgemeinen Geschäftsbedingungen. Dies gilt sowohl innerstaatlich als auch auf europäischer Ebene.

Zu unterscheiden sind Frachtführer- und Spediteursverträge (Muschkiet und Ebel 2013a, S. 126–127).

Frachtführerverträge regeln die Beförderung der Transportgüter durch die jeweiligen Transportmittel. Frachtführerverträge sind im HGB § 407 (1) beschrieben. Der Frachtführer verpflichtet sich, das zu transportierende Gut zum Bestimmungsort zu befördern, d. h. der Frachtführer schuldet den Erfolg der Transporttätigkeit. Hingegen ist der Spediteur verpflichtet, die Versendung des Transportguts zu besorgen, d. h. zu organisieren, ohne selbst den Transport durchzuführen, wie es in HGB § 453 (1) geregelt ist.

Basis für *Spediteursverträge* sind meist die Allgemeinen Deutschen Spediteurbedingungen (ADSp) als allgemeine Geschäftsbedingungen. International einheitliche Grundlagen eines Spediteursrechts existieren nicht (vgl. Kap. 7.2).

Im *Straßengütertransport* (vgl. Kap. 3.1) gilt für innerdeutsche Transporte das Güterkraftverkehrsgesetz (GÜKG). In ihm sind der Güternah- und -fernverkehr geregelt (vgl. Kap. 5.3.2). Im grenzüberschreitenden Transport (vgl. Kap. 7.4.6) kommen die Bedingungen des Beförderungsvertrags im internationalen Straßengüterverkehr (CMR; Contract des Transports International des Marchandises par Route) zur Anwendung.

Andere transportmittel- und verkehrsträgerbezogene Rechtsgrundlagen werden in spezifischen Gesetzen und/oder Abkommen bestimmt, so z. B. für den deutschen Schienengüterverkehr (vgl. Kap. 3.2) das Eisenbahngesetz (§§ 453 ff. HGB) und das Allgemeine Eisenbahngesetz (AEG). In der EU gilt das Übereinkommen über den internationalen Eisenbahnverkehr (COTIF; Convention relatif aux Transports Internationaux Ferroviaires), das die Rechtsgrundlage zwischen dem nationalen Recht der einzelnen Mitgliedstaaten regelt.

In der Binnenschifffahrt (vgl. Kap. 3.4) gilt das Binnenschifffahrtsgesetz mit zahlreichen bilateralen Abkommen zwischen Anrainerstaaten der jeweiligen Flüsse innerhalb der EU.

Im Luftverkehr (vgl. Kap. 3.5) kommen die Regelungen zum Luftverkehrsrecht der International Civil Aviation Organization (IACO) zur Anwendung. Grundlagen des deutschen Seerechts sind in den §§ 474 ff. HGB geregelt. Darüber hinaus existieren zahlreiche internationale Regelungen (Leitner und Lenger 2013, S. 211–216).

Die vertraglichen Beziehungen sind auch Grundlage für langfristige Kunden- und Geschäftsbeziehungen. Diese haben einen höheren Wert für Unternehmen als kurzfristig wechselnde Geschäftspartner. Dies gilt insbesondere auch für Branchen, die hinsichtlich ihrer Leistungen leicht austauschbar sind, wie dies überwiegend auch auf Transportleistungen zutrifft (Frunzke et al. 2004, S. 265). Vor diesem Hintergrund ist den meisten Transportunternehmen bewusst, dass dauerhafte Kundenbeziehungen zu erheblichen Wettbewerbsvorteilen führen können. Solche sollen durch ein explizites Kundenmanagement gewährleistet werden.

9.2.2 Kundenmanagement

Im Mittelpunkt des *Kundenmanagements* steht die Verbesserung der Dienstleistungen des Unternehmens gegenüber den Kunden. Vorrangiges Ziel ist eine gesteigerte Kundenzufriedenheit, die im Idealfall zu einer Steigerung der Kundenbindung führt. Dies umso mehr, da die erstmalige Gewinnung eines Kunden mit einem höherem wirtschaftlichen Aufwand verbunden ist als die längerfristige Bindung eines Kunden an das Transportunternehmen. Wieder- bzw. Zusatzbeauftragung und die Möglichkeit zum Cross- und Upselling sind daher anzustreben.

Zentrales Instrument des Kundenmanagements ist eine integrierte *Kundendatenbank,* in der alle Kundendaten vorgehalten werden und die allen mit Kunden in Kontakt stehenden Bereichen, wie Vertrieb, Marketing, Kundenmanagement gleichermaßen zur Verfügung gestellt wird. Mit einer solchen Datenbank ist ein gezieltes *Customer Relationship Management (CRM)* möglich (IBM Business Consulting Services 2002, S. 34).

Für die Neugewinnung von Kunden kann die Auswertung bestehender Kundenbeziehungen hilfreich sein. Durch den Abgleich von Kundeninteressen und konsequenter *Segmentierung* der vorhandenen Kunden können neue Zielgruppen definiert und gezielt angesprochen werden. Die Segmentierung ermöglicht zudem die Ausgestaltung und Entwicklung kundenindividueller Serviceleistungen (vgl. Kap. 6.1).

In Abhängigkeit von den anzusprechenden Kundensegmenten sind unterschiedliche Kontaktpunkte und Ansprechpersonen vorzusehen (Garbisch und Edler-Pein 2004, S. 106). Die Organisation des Kundenmanagements sollte entsprechend einer festgelegten Segmentierung erfolgen. Kunden mit einem besonders hohen Kundenwert (A-Kunden) sollten idealerweise durch die Geschäftsleitung und/oder spezielle Key Account Manager betreut werden.

Ein weiteres Instrument des Kundenmanagements ist der Umgang mit Beschwerden (Homburg und Bucerius 2001, S. 130–131). Zum einen geht es im Rahmen eines *Beschwerdemanagements* um die Erfassung und Bearbeitung von Schlechtleistungen, Reklamationen etc. Zum anderen können Beschwerdeinformationen für die Qualitätsverbesserung genutzt werden (Wallenburg 2007, S. 401–402). Grundlage dafür sind Beschwerdesysteme, die sowohl die Vorgänge als auch die Kundendaten unter Rückgriff auf das CRM-System verwalten (IBM Business Consulting Services 2002, S. 26). Idealerweise sind Beschwerdesysteme systemtechnisch im CRM-System integriert.

9.3 Preisbildung und Preispolitik

9.3.1 Transportpreise und Frachtraten

Transportpreise sind das vom Auftraggeber an den Auftragnehmer zu zahlende Entgelt für die vom Auftragnehmer erstellte Transportleistung.

Historisch betrachtet, war die Preisbildung von Transportunternehmen, Speditionen und Frachtführern durch starke staatliche Einflussnahme geprägt (vgl. Kap. 7.5). Bis Mitte der 90er Jahre des vergangenen Jahrhunderts fand keine freie Preisbildung statt. Es existierten vielmehr umfangreiche Tarifsysteme mit transportmittelspezifischen Ausprägungen. Bei einem Tarif handelt es sich um ein veröffentlichendes, länger gültiges Verzeichnis von Preisen und Konditionen.

Im *Straßengüterverkehr* (vgl. Kap. 3.1) bestand innerhalb der Europäischen Union für den Güterfern- und -nahverkehr ein Tarifwesen, das den Transportunternehmen eine zufriedenstellende Marge zusichern sollte. In Deutschland war dies der Reichskraftwagentarif (RKT), der 1936 eingeführt wurde, sich an den

Eisenbahntarifen orientierte und für die Preisbildung im Straßengüterfernverkehr verbindlich vorgeschrieben war. Später wurde er umbenannt in den Güterfernverkehrstarif (GFT) und Güternahverkehrstarif (GNT) und es kamen sogenannte Margentarife, die sich auf den bisherigen Tarif bezogen, aber entsprechende Abschläge vorsahen, zur Anwendung. Nach dem Wegfall des Tarifwesens wurden teilweise unverbindliche Preisempfehlungen, wie der „Tarif für den Spediteur-Sammelguttarif" des Bundesverbandes Spedition und Logistik e. V. oder Kosteninformationssysteme des BDF/BGL (Bundesverband des Deutschen Güterfernverkehrs e. V./ Bundesverband Güterkraftverkehr und Logistik) verwendet (BSL 2002).

Im internationalen *Linienluftverkehr* (vgl. Kap. 3.5) wurde die Preispolitik lange Zeit von der International Air Transport Association (IATA), dem Dachverband des internationalen Luftverkehrs bestimmt. Die IATA ist als ein Preis- und Konditionenkartell zu betrachten. Das IATA-Tarifgefüge beinhaltet Normal- und Spezialraten (Container-/Palettentarife). Mit Einsetzen der Deregulierungspolitik wurde eine verstärkte Liberalisierung des grenzüberschreitenden Luftverkehrs eingeleitet. Es kommen Gewichts-, Warenarten-, Ladeeinheits-, Quantitäts- (Volumen-/Gewichts-) Minimumtarife sowie Mengenrabatte zur Anwendung (Schieck 2008, S. 250–251).

Abhängig vom Produktionsprogramm kommen in der *Seeschifffahrt* (vgl. Kap. 3.3) verschiedene Preisbildungsverfahren zum Ansatz (Biebig et al. 2004, S. 155). In der *Linienschifffahrt* sind dies z. B. Linienfrachtraten als gültige Festpreise auf bestimmten Fahrtgebieten. Bei der *Gelegenheits- oder Trampschifffahrt* handelt es sich um die Form der Charterung von Schiffsraum (Raumfracht), die insbesondere zum Transport von Rohstoffen (Stückgut, Bulk) genutzt wird. Dabei ist ein (kurzfristig) auftretender Bedarf, der u. U. nur einmalig (Reisecharter) oder in größeren zeitlichen Abständen (Zeit-, Mengencharter) auftritt, auf einer Transportstrecke zu erfüllen. Der Vielfalt der Produktleistungen bei Gelegenheitstransporten entsprechend ist die Ausgestaltung der Seefrachtraten unterschiedlich. Sie sind vor allem in starkem Maße von Angebots- (konjunkturell, saisonal) und Nachfrageschwankungen (sporadisch) abhängig.

Einheitlicher hingegen sind die Tarifkonzepte im Containertransport. Die Frachten werden im Wesentlichen durch den Grad der Homogenität und des Containerisierungsgrades bestimmt. Eine weit verbreitete Tarifform sind *Commodity Box Rates*, die unabhängig von der Auslastung des Containerinnenraums festgelegt werden, aber die transportierte Güterart berücksichtigen. Um ausschließlich auf den Container bezogene Frachtraten handelt es sich bei Freight-All-Kinds-Raten (Biebig et al. 2004, S. 207). Sie beziehen sich nur auf den zu transportierenden Container und sind völlig unabhängig von der Art des Transportguts und der Auslastung des Transportmittels kalkuliert.

In liberalisierten Transportmärkten liegt unterdessen überwiegend Tariffreiheit vor. Unter solchen Bedingungen erfolgt die Preisbildung bezogen auf die

9.3 Preisbildung und Preispolitik

- Kosten der Leistungserstellung,
- Markt- und Konkurrenzbedingungen sowie
- Marktnachfrage und Zahlungsbereitschaft der Kunden (Schubert 2009, S. 233–234).

9.3.2 Preisbestimmung und Kalkulationsverfahren

Formen der Preisbestimmung können kostenorientiert, konkurrenzorientiert oder nachfrageorientiert sein.

Für eine *kostenorientierte Preisbestimmung* ist eine möglichst genaue Ermittlung der Kostensituation eines Transportunternehmens notwendig:

- Die Einzelkosten sind den einzelnen Kostenstellen und Kostenträgern zuzuteilen. Die Gemeinkosten sind den Bereichen Material, Leistungserstellung, Verwaltung und Vertrieb mit den jeweils zu bildenden Gemeinkostenzuschlägen zuzuordnen.
- Da eine Gewinnerzielungsabsicht sowie der Erhalt des Unternehmens angenommen wird, ist ein entsprechender Gewinnzuschlag einzurechnen.

Mit den so ermittelten Einzelkosten sowie Material- und Fertigungsgemeinkosten können die Herstellkosten pro Leistungseinheit als Kostenträger aufgestellt werden. Auf diese Herstellkosten werden anschließend die ermittelten Vertriebs- und Verwaltungsgemeinkosten addiert, woraus sich die *Selbstkosten* pro Leistungseinheit ergeben.

Die so ermittelten Selbstkosten sind die Grundlage für die Preisbildung. Sie bilden die *Preisuntergrenze,* d. h. der Preis, der mindestens erzielt werden muss, um die variablen Kosten zu decken (Engelsleben et al. o. J., S. 6). Dies kann im Rahmen der *Kostenzuschlagsmethode* (cost plus) oder einer ROI (Return on Investment)-Preisbestimmung (target return) erfolgen. Beim *Cost Plus Pricing* wird ein Gewinnzuschlag auf die Kosten vorgenommen. Beim *Target Return Pricing* muss neben der Kostendeckung ein festgelegter ROI erzielt werden.

Bei der *nachfrageorientierten Preisbestimmung* gilt es herauszufinden, zu welchem Preis eine Leistung am Markt abzusetzen ist. Für die Preisbildung sollten auch die Mitbewerber am Markt im Rahmen einer *konkurrenzorientierten Preisbestimmung* beobachtet und analysiert werden, da ihre Preise ebenfalls einen Einfluss auf die zu erzielenden Preise haben. So orientieren sich Anbieter oftmals am Preisführer oder am Markt- und Branchendurchschnitt.

Für die Preisfindung im Transportwesen können eine

- Vollkostenrechnung,
- Teilkostenrechnung,
- Logistikkostenrechnung oder
- Prozesskostenrechnung

zur Anwendung kommen (Aberle 2003, S. 289–302).

Zielsetzung der *Vollkostenrechnung* bzw. Kostenträgerstückrechnung ist die Kostenermittlung pro Stück bzw. Leistungseinheit. Es werden zuerst die Einzel- und Gemeinkosten ermittelt. In einem Betriebsabrechnungsbogen (BAB) können die Einzelkosten den einzelnen Kostenstellen und -trägern zugeordnet werden. Mit Hilfe der aufgestellten Gemeinkosten werden anschließend Gemeinkostenzuschläge für die Bereiche Material, Produktion, Verwaltung und Vertrieb gebildet. Auf diese Herstellkosten werden die ermittelten Vertriebs- und Verwaltungsgemeinkosten addiert, um so die Selbstkosten pro Stück zu erhalten.

Durch die Zuordnung aller Kosten entsteht eine Gesamtsumme je Kostenträger, die alle Kosten beinhaltet, die ein Kostenträger verursacht. Diese Kostensumme ist die Grundlage der Kosten für bestimmte Leistungen, z. B. in der Schifffahrt für eine bestimmte Fahrt oder in der Luftfracht für einen bestimmten Flug. Schiff und Flugzeug sind dann Kostenträger. Dieser Verrechnung liegt zugrunde, dass ein Schiff keine Kostenstelle, sondern ein Kostenträger ist, dem alle Kosten zugeordnet werden.

Dadurch, dass die gesamten Gemeinkosten auf einzelne Leistungseinheiten, wie Transportaufträge und Transportsendungen verteilt werden, kommt es allerdings zu einer Verzerrung der verursachungsgerechten Kostenzuordnung und damit zu falschen Annahmen in der Kalkulation einzelner Leistungen. Dies gilt auch bei Unterauslastung der Kapazitäten im Falle kurzfristiger Entscheidungssituationen, in denen die Vollauslastung der Kapazitäten unterstellt wird.

Teilkostenrechnungssysteme versuchen diese Mängel der Vollkostenrechnung zu vermeiden. Es werden daher ausschließlich die relevanten Kosten verrechnet. Dazu wird zwischen beschäftigungsvariablen Kosten, Grenzkosten sowie relativen Einzelkosten unterschieden. Eine Anwendung ist dann z. B. die *Grenzplankostenrechnung,* in der in einer Plankostenkalkulation Grenzkosten die relevanten Kosten ermittelt werden. Diese sind sowohl hinsichtlich der zeitlichen Betrachtung als auch für die Erstellung der Plankalkulation getroffenen (Vor)Entscheidungen hinsichtlich der Leistungserstellung zu unterscheiden (vgl. Kap. 6.2.2). In der mit der *Fixkostendeckungsrechnung* verfolgten Differenzierung der Fixkosten ist dies u. a. möglich, da es durch die steigende Flexibilität in der Leistungserstellung immer schwieriger wird Fixkosten einzelnen Stufen der Leistungserstellung zuzuordnen.

Eine verursachungsgerechtere Schlüsselung von Gemeinkosten und anschließende Verteilung auf die Kostenträger ist u. a. Aufgabe der *Logistikkostenrech-*

9.3 Preisbildung und Preispolitik

nung. Im Unterschied zur allgemeinen, unternehmensbereichsübergreifenden Vollkostenrechnung werden die Gemeinkosten spezieller Kostenstellen in der Logistik ermittelt, so z. B. der Transportdisposition (vgl. Kap. 5.5.1 und 9.1.2), Umschlagleistungen und des innerbetrieblichen Transports. Diese Gemeinkosten werden dann pro Mengeneinheit (Stück, m^3, kg) als Kostenträger kalkuliert und aufgestellt.

Ein für die Transportpreiskalkulation geeigneter Ansatz ist die *Prozesskostenrechnung* (Hoffmann 2010a, S. 198–203). Bei Kostenstrukturen mit hohen fixen Gemeinkosten und geringen Einzelkostenanteilen, wie dies auf die Erstellung von Transportleistungen zutrifft, ist der Anteil kurzfristig beeinflussbarer Kosten gering, da die Beschäftigung/Auslastung nicht die alleinige Kosteneinflussgröße ist. Für die Kostenzurechnung zu den einzelnen Teil-Prozessen der Leistungserstellung ist es erforderlich, die Teilprozesse mit Hilfe von Prozessgrößen der kostentreibenden Faktoren (cost driver) zu quantifizieren.

Kostentreibende Faktoren können in output- und inputorientierte Größen unterschieden werden. *Outputorientierte Prozessgrößen* ergeben sich z. B. aus der Anzahl bearbeiteter Transportaufträge (vgl. Kap. 9.1) in Form der Anzahl erstellter Transportdokumente oder aus der Anzahl von avisierten Sendungen beim Kunden. *Inputbezogene Größen* der Ressourceninanspruchnahme und Kapazitäten werden z. B. ausgedrückt in der absoluten Bearbeitungszeit eines Transportauftrags. So z. B. wenn zusätzliche Aktivitäten, wie das Belabeln oder das Sortieren von Packstücken erforderlich ist. In solchen Fällen ist u. U. der Zeitaufwand stärker von der Verpackungsart und -form als vom Gewicht des Packstücks abhängig. Somit lässt sich herleiten, dass als Kalkulationsbasis die Anzahl Pakete oder Paletten ausschlaggebend und damit zu definieren ist (Czenskowsky et al. 2003, S. 164).

Bei Transportunternehmen können dies z. B. die Leistungsprogrammbreite (vgl. Kap. 6.1.1) mit unterschiedlichen Leistungsvarianten (unterschiedliche Zustellzeiten), die Sendungsstruktur oder Sonderservices (z. B. Spätabholer) sein. Kostentreiber können im Nahverkehr die Anzahl der Sendungen, die Tonnage oder die Anzahl der Stopps je Abhol- und Zustelltour sein (vgl. Kap. 5.4). Weitere Kostentreiber einzelner Teilprozesse sind (Hartmann und Lohre 2004, S. 197):

- Anzahl der Sendung – beim Teilprozess – Sendungen erfassen
- Anzahl der Sendung – beim Teilprozess – Sendungen abrechnen
- Kundenstopp – beim Teilprozess – Disponieren
- palettierte Sendungen – beim Teilprozess – Ladehilfsmittel buchen

Mit Hilfe der Prozesskostenrechnung werden weiterhin im Leistungserstellungsprozess (vgl. Kap. 6.2.2) die Kosten entsprechend der Kapazitätsbeanspruchung zugewiesen (Beanspruchungsprinzip) und die durch die Prozesse verursachten variablen Kosten zugerechnet (Verursachungsprinzip) (Ihde 2001, S. 335). Kapazitätskosten und variable Kosten werden in der Prozesskostenrechnung als leistungsmengeninduzierte (lmi) Kosten zusammengefasst. Diesen stehen die leistungsmengenneutralen (lmu) Kosten gegenüber, wie z. B. die Leitungskosten einer Abteilung oder Geschäftseinheit (Gleißner und Möller 2009, S. 145–146).

9.3.3 Preisdifferenzierung und Ertragsmanagement

Wesentliches Ziel der Preispolitik ist die Nachfrage nach Transportaufträgen so zu steuern, dass die Transportkapazitäten maximal ausgelastet werden. Ein Ansatz hierfür sind Preisdifferenzierungsmodelle, die in mengenmäßig, zeitlich und räumlich unterschieden werden können (Resch 2010, S. 211–214).

Mengenorientierte Preisdifferenzierung erfolgt über Volumen und Gewicht der Transportobjekte und führt zu abnehmenden Transportpreisen. Dadurch sollen dem Verlader (vgl. Kap. 7.2) Anreize geboten werden, Mengen zeitlich zusammenzufassen. Dann ist es sinnvoll, Kunden, die langfristige Transportrahmenverträge (vgl. Kap. 9.2.1) abschließen und regelmäßig große Mengen in das Transportnetz geben, und so die Grundauslastung des Netzes ermöglichen, einen Mengenrabatt zu gewähren.

Eine *zeitliche Preisdifferenzierung* ist dann sinnvoll, wenn relativ starre Transportkapazitäten vorliegen und keine Kapazitätsanpassung bei Nachfrageschwankungen möglich ist (vgl. Kap. 6.2.3). Die Leerkosten der so nicht in Anspruch genommenen Kapazitäten können durch Rabatte reduziert werden.

Die *Räumliche Preisdifferenzierung* hat das Ziel, eine gleichmäßige Kapazitätsauslastung von Transportnetzen zu steuern. Dies ist immer dann sinnvoll, wenn starke Unpaarigkeit der Transportströme vorliegt, d. h. ein großes Missverhältnis zwischen eingehenden und ausgehenden Transportmengen innerhalb einer Region eines Wirtschaftsraumes oder auch eines Umschlagdepots. Transportstromorientierte räumliche Preisdifferenzierung ist vor allem im See- und Luftverkehr verbreitet (vgl. Kap. 3.3 und 3.5).

Im Gegensatz zu Preisangaben fassen *Konditionen* alle Vereinbarungen bezüglich der Zahlungsmodalitäten, Liefer- und Finanzierungsbedingungen zusammen.

Da nicht alle Transportaufträge gleichzeitig bei Transportunternehmen eingehen, ist es nicht möglich die Aufträge auszuwählen, die den höchsten Ertrag aufweisen. Gelöst werden kann dieses Problem durch eine *Auftragsselektion* in Verbindung mit einem gezielten *Ertragsmanagement* (Yield Management), wie es z. B. im Passage- und Frachtbereich von Fluggesellschaften zur Anwendung kommt (Tscheulin und Lindenmeier 2003, S. 630). Mit einem integrierten Ansatz wird dort die systematische Planung und Steuerung von Preisen und Kapazitäten

9.3 Preisbildung und Preispolitik

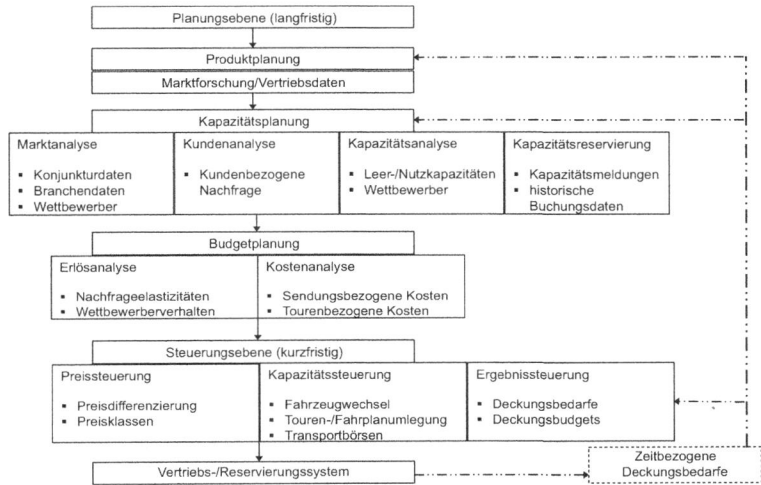

Abb. 9.1 Preis und Kapazitätssteuerung. (Quelle: Vgl. Ihde 1993, S. 114)

verfolgt (Ihde 1993, S. 114; Bendul 2010, S. 174–176). Dazwischen erfolgt die Budgetplanung, in der Erlös- und Kostenannahmen in einer gemeinsamen Planung zusammengefasst werden. Abbildung 9.1 verdeutlicht die Vorgehensweise eines solchen Ertragsmanagements.

Zentrales Instrument eines Ertragsmanagements ist das *Kapazitätsreservierungssystem*. In ihm werden Kapazitätsbuchungen vorgenommen und es ist möglich, zu jedem Zeitpunkt einen Vergleich zwischen dem aktuellen und prognostizierten Buchungsverlauf vorzunehmen. Zusammen mit den historischen Buchungsdaten bildet das Ergebnis die Grundlage für eine gleichzeitige Kapazitäts-, Preis- und Ergebnissteuerung (Tscheulin und Lindenmeier 2003, S. 631–633).

In der *Kapazitätssteuerung* erfolgen Kontingentierung und Überbuchungen. Bei der Kontingentierung werden die Gesamtkapazitäten in Teilkapazitäten aufgeteilt. Diese Teilkapazitäten werden einzelnen Markt- und Kundensegmenten sowie deren prognostizierten und tatsächlich eintretenden Nachfrageverläufen zugeordnet. Kurzfristige Kapazitätsanpassungen, z. B. bei Überbuchungen, können durch Fremdvermarktung auf Transportbörsen erfolgen. Langfristig können neue Touren und Fahrpläne geplant oder andere Fahrzeuggrößen und Transportkapazitäten eingesetzt werden. Überbuchungen werden vorgenommen, um eine hohe Kapazitätsauslastung zu erreichen. Dies bietet sich immer an, wenn Zusatzkapazitäten z. B. über den Markt zur Verfügung stehen.

Unter Berücksichtigung dieser Daten können *Prognosen* (Forecasting) über die zu erwartende Nachfragestruktur durchgeführt werden. Durch eine Kundensegmentierung (vgl. Kap. 9.2.2) aufgrund von unterschiedlichen Zahlungsbereitschaften und Anforderungen kann eine Preisdifferenzierung erfolgen. Ergebnis ist eine *Preissteuerung* mit mehreren Preisklassen, die sich wiederum an Gewichten, Volumina, Auftragshäufigkeit, Fristigkeit u. ä. orientiert.

Die *Ergebnissteuerung* erfolgt durch den kontinuierlichen Abgleich der prognostizierten mit den tatsächlichen Deckungsbedarfen. Zeitraumbezogene Deckungsbudgets haben dabei Bezugsobjekte, wie einzelne Transportdienstleister, Transportrelationen, Kunden etc. So können preispolitische Entscheidungen unterstützt und somit das Ergebnis verbessert werden. Bei zu erwartender kapazitätsüberschreitender Nachfrage sind die Preise entsprechend anzuheben. Bei erwarteter Unterauslastung sind die Kapazitäten zu günstigeren Preisen anzubieten.

9.4 Transportkooperation und -koordination

9.4.1 Formen von Transportkooperationen

Die Leistungserstellung und -vermarktung von Transportleistungen kann auch gemeinsam durch mehrere Unternehmen erfolgen. Arbeiten Unternehmen, die rechtlich und wirtschaftlich selbständig sind zusammen, spricht man von einer kooperativen Zusammenarbeit. Kooperationen können in unterschiedlichen Formen auftreten.

Bei *horizontalen Kooperationen* arbeiten Unternehmen auf der gleichen Wirtschafts- und Wertschöpfungsstufe miteinander wie dies z. B. bei der Erstellung von flächendeckenden Transportnetzen im Straßengüterverkehr der Fall ist. Diese Kooperationen sind oftmals aus mittelständischen Transportunternehmen entstanden. So wird ca. die Hälfte des gewerblichen Stückgutverkehrs in Deutschland über Kooperationen abgewickelt (Trip 2003, S. 12). Dabei arbeiten die einzelnen Unternehmen regionale Märkte ab, die zusammen ein flächendeckendes Transportnetz ergeben, dessen Leistungen im Rahmen der Kooperation angeboten werden. In diesem Zusammenhang wird auch von *Systemtransportleistungen* gesprochen (vgl. Kap. 7.5).

Eine *vertikale Kooperation* liegt vor, wenn Transportunternehmen mit ihren Lieferanten und Abnehmern bestimmte Unternehmensfunktionen gemeinsam wahrnehmen, so z. B. die Aufgaben des Güterversenders und -empfängers oder Transportvermittlers.

Mit Kooperationen soll vor allem das externe Wachstum von Unternehmen vorangetrieben werden. Eine Optimierung und Standardisierung von Prozessen und Produkten sowie die bessere Auslastung durch gemeinsam genutzte Kapazitäten

9.4 Transportkooperation und -koordination

führt zu Kostenvorteilen und Ertragssteigerung bei gleichzeitiger Risikominderung der Kapazitätsauslastung (vgl. Kap. 9.3.3). Weiterhin wird ein regionenübergreifendes Leistungsangebot möglich, zu dem das einzelne Transportunternehmen nicht oder nur mit erheblichen Investitionen und damit Risiken in der Lage wäre (Klaas-Wissing 2010, S. 148–150).

Eine weitere Form von Kooperationen im Transportsektor sind *strategische Allianzen*. Zielsetzungen solcher Allianzen sind, dass die Anbieter ihre Transportnetze aufeinander abstimmen und besser auslasten oder neue Transportnetze aufbauen (vgl. Kap. 5.1). Beispiele hierfür finden sich bei Speditionskooperationen, Containerreedereien und Luftverkehrsunternehmen (Held und Steckler 2007, S. 455). Neben den Vorteilen der unternehmensübergreifenden Zusammenarbeit soll mit strategischen Allianzen der Wettbewerbsdruck zwischen den Anbietern von Transportleistungen reduziert werden, um so Gewinn-, Wachstums- und Marktziele zu sichern.

9.4.2 Transport- und Frachtenbörsen

Eine weitere Möglichkeit zum Angebot von Transportleistungen besteht in Form von *Laderaum- und Ladungsausgleichssystemen*, wie sie vor allem mit Hilfe von *Transport- und Frachtbörsen* erfolgt. Dabei handelt es sich in den meisten Fällen um *internetbasierte Informations- und Buchungssysteme*, über die Informationen zum Angebot von Transportaufträgen (vgl. Kap. 9.1.2) sowie auf den Transportmärkten vorhandene Transportkapazitäten bereitgestellt werden (Prockl 2010, S. 156).

Die Teilnehmer an Transportbörsen sind vielfältig und reichen von Speditions- und Transportunternehmen bis zu KEP-Dienstleistern (vgl. Kap. 7.2 und 7.4.5). Durch geeignetes Andienen freier Ladungskapazitäten einerseits und Ladungen andererseits, können die an einer solchen Kooperation beteiligten Unternehmen ihre Leerfahrten reduzieren und die Gesamtauslastung ihrer Kapazitäten verbessern. Im Einzelnen sind nachstehende Prozesse erforderlich

Auktionsphase:

- Erfassen der Transportaufträge durch den Verlader im Dispositionssystem
- Spezifizierung und Ausschreibung der Transportanforderungen
- Informationen der Transportunternehmen über die in der Frachtenbörse eingestellten

Gebotsphase:

- Abgabe von Angeboten der Transportunternehmen
- Vergabe der Aufträge durch Disposition des Verladers (vgl. Kap. 9.1.2)

Vergabephase:

- Übertragung von Auftragsdaten und Zusage-/Absagemeldungen an das Transportunternehmen
- Rückmeldung des beauftragten Transportunternehmens und der vereinbarten Transportpreise

Beratungsprojekte in ausgewählten Branchen kommen zu Kosteneinsparungspotenzialen bei Transport- und Frachtbörsen von bis zu 15 % für die Transportleistungen und durchschnittlich 25 % bei der Transportorganisation (Wildemann 2015, S. 5).

9.4.3 Transportplattformen

Transportplattformen bieten den Akteuren in einem Transportnetz Services, mit denen die notwendigen Prozesse unternehmensübergreifend und transparent abgebildet werden können. Diese Services umfassen z. B. Auftragsabwicklung, Disposition, Dokumentenerstellung und Fakturierung (Heistermann 2004, S. 217). Dadurch können

- individuelle Informationen und Datenformate aus unterschiedlichen Anwendersystemen bereitgestellt,
- Auftrags- und Sendungsdaten durch Schnittstellenlösungen mit Hilfe von Webinterfaces automatisiert übertragen,
- Daten ausgetauscht und Anwendungen zur Auftragsabwicklung genutzt sowie
- Zugriffe für den Kunden ständig und überall gewährleistet, werden.

Diese Vorteile ermöglichen zudem eine ständige Ladungs- und Sendungsverfolgung. Bei der *Ladungsverfolgung* werden mit Hilfe satellitengestützter Ortungssysteme (vgl. Kap. 4.6) die eingesetzten Ladungseinheiten (Container, Wechselbrücken) als Objekte betrachtet (Gleißner und Femerling 2012, S. 246–247). Diese können lückenlos zu jedem Zeitpunkt verfolgt werden, wie dies z. B. auch bei multi-modalen Transportketten in den Übergangsphasen und Übergabepunkten innerhalb von Umschlageinrichtungen der Fall ist.

Bei der *Sendungsverfolgung* wird die einzelne Transporteinheit als Objekt betrachtet. Dabei erfolgen die Positionsverfolgung (tracking) einer Sendung sowie die Aufzeichnung der Transportdurchführung für den Nachweis der Durchführung (tracing). Die Positionsverfolgung geschieht durch Scannen von Barcode-Datenträgern innerhalb der Auftragsabwicklung an vorab definierten Punkten, wie z. B. Warenausgang beim Versender, Depoteingang und -ausgang beim Transportunternehmen sowie Wareneingang beim Empfänger.

Beispiele von Transportplattformen sind die Systeme Traxon, Global Freight Exchange und Cargo Portal Services in der Luftfracht. Dabei handelt es sich um internetbasierte Portale, die neben der elektronischen Übermittlung von Dokumenten, wie Luftfrachtbriefen, die Anbindung an die ERP-Systeme der an der Luftfrachtabwicklung beteiligten Unternehmen ermöglicht (Vahrenkamp 2005, S. 296).

Literatur

Aberle, G.: Transportwirtschaft: Einzelwirtschaftliche und gesamtwirtschaftliche Grundlagen, 4. Aufl. München (2003)

Aberle, G.: Transportwirtschaft: Einzelwirtschaftliche und gesamtwirtschaftliche Grundlagen, 5. Aufl. München (2009)

Bendul, J.: Kapazitätsmanagement. In: Stölzle, W., Fagagnini, H.P. (Hrsg.) Güterverkehr kompakt, S. 166–179. München (2010)

Berenberg Bank, HWWI: Strategie 2030 – Maritime Wirtschaft und Transportlogistik, Band B: Perspektiven für maritime Wirtschaft und Transportlogistik – Strategieansätze aus Unternehmens- und Investorensicht, Hamburg (2006)

Berndt, Th.: Eisenbahngüterverkehr. Wiesbaden (2001)

Bernecker, T., Reiß, M.: Logistik-Kooperationen effizient gestalten: Complementor Relationship Management – ein innovativer Ansatz für die Transportlogistik. Zeitschrift für Organisation **o. Jg.**(1), 11–18 (2011)

Biebig, P., Althof, W., Wagener, N.: Seeverkehrswirtschaft, 4., bearbeitete und aktualisierte Aufl. München (2008)

Bjelicic, B.: Internationaler Unternehmenswettbewerb im gewerblichen Güterverkehr. München (1990)

Bjelicic, B.: Unterlagen zur Vorlesung Verkehrsbetriebslehre I: Landverkehr und Schifffahrt. Universität Mannheim, Mannheim (2005)

Boysen, N.: Über die Synchronisation von Güterströmen in der Umschlaglogistik. Zeitschrift für Betriebswirtschaft **78**(12), 1285–1315 (2008)

Bretzke, W.-R., Barkawi, K.: Nachhaltige Logistik. Antworten auf eine globale Herausforderung. Berlin (2010)

Brinkmann, B.: Seehäfen: Planung und Entwurf. Heidelberg (2005)

Buchholz, J., Clausen, U., Vastag, A. (Hrsg.): Handbuch der Verkehrslogistik. Heidelberg (1998)

Bundesverband Spedition und Logistik e. V. (BSL): Tarif für den Spediteur Sammelgutverkehr, unverbindliche Preisempfehlung Stand: 1. Februar 2002. Bonn (2002)

Butz, Chr.: Softwaregestützte Transportplanung. WISU **3**, 366–372 (2009)

Clausen, U., Inninger, W.: Ortung bei Transport und Umschlag – Einflüsse und Anwendungspotenziale des Satellitennavigationssystems Galileo in der Verkehrslogistik. In: Wolf-Kluthausen, H. (Hrsg.) Jahrbuch Logistik 2009, S. 42–46. Korschenbroisch (2009)

Czenskowsky, T., Segelkern, U.: Preisbildung der Zukunft – Praktische Schritte zu einer prozessorientierten Kostenrechnung. In: Päbst Von Lothar, M., Wipki B. (Hrsg.) Marketing in der Logistik: Beiträge für Grundlagen, Konzepte und Methoden, S. 151–169. Hamburg (2003)

Deutsche Gesellschaft für Mittelstandberatung mbH (DGM): Transport- und Speditionswesen: Positionen-Perspektiven-Strategien, S. 47. Neu-Isenburg (1995)

Ellrich, M.: Infoblatt Wirtschaftsräume in Europa – Geographie Infothek, o. S. Klett-Verlag Terra-Online, Leipzig (2014)

Engelsleben, T., Wichert, v. G., Zimmermann, B.: Pricing-Chancen für Speditionen: Wie durch Pricing die Umsatz- und Gewinnsituation von Speditionsunternehmen verbessert werden kann, Bericht Simon, Kucher & Partner, Bonn, o. Jg., S. 1–8

European Comission: Core Network Corridors Progress Report of the European Coordinators. http://ec.europa.eu/transport/infrastructure/tentec/tentec-portal/site/brochures_images/CorridorsProgrReport_version1_2014.pdf. Zugegriffen: 15. Aug. 2015 und 8. Nov. 2015 (2014)

Femerling, C.: B2C- und B2B-Logistik als Erfolgsfaktor der New Economy. In: Merkel, H., Bjelicic, B. (Hrsg.) Logistik und Verkehrswirtschaft im Wandel: Unternehmensübergreifende Versorgungsnetzwerke verändern die Wirtschaft, Festschrift für Gösta B. Ihde, S. 205–221. München (2003)

Frechel, S.L.K.: Distributionsmanagement – Gestaltung internationaler Logistiksysteme. In: Stölzle, W., Gareis, K. (Hrsg.) Innovative Management- und Logistikkonzepte, S. 263–287. Wiesbaden (2002)

Frindik, R.: Kombinierter Verkehr. In: Arnold, D., Isermann, H., Kuhn, A., Tempelmeier, H., Furmans, K. (Hrsg.) Handbuch Logistik, 3., neu bearbeitete Aufl., C3.3, S. 736–743. Heidelberg (2008)

Frings, A.: Ausschreibungsoptionen bei der Fremdvergabe komplexer Logistikaufgaben. In: Stözle, W., Weber, J., Hofmann, E., Wallenburg, C.M. (Hrsg.) Handbuch Kontraktlogistik: Management komplexer Logistikdienstleister, S. 151–165. Weinheim (2007)

Frunzke, H., Boldt, O., Garbisch, C.: Management von Kundenbeziehungen in der Logistikdienstleistung. In: Pfohl, H.-Chr. (Hrsg.) Netzkompetenz in Supply Chains: Grundlagen und Umsetzung, S. 265–284. Wiesbaden (2004)

Frye, H.: Verkehrsträger und Transportprodukte: Luftfrachtverkehr. In: Clausen, U., Geiger, Chr. (Hrsg.) Verkehrs- und Transportlogistik, 2. Aufl., S. 217–251. Berlin (2013)

Garbisch, C., Edler-Pain, J.: Beziehungsmanagement zur Sicherung der Win-Win-Partnerschaft aus Sicht eines Logistikdienstleisters. In: Pfohl, H.-Chr. (Hrsg.) Erfolgsfaktor Kooperation in der Logistik: Outsourcing – Beziehungsmanagement – Finanzielle Performance, S. 101–117. Berlin (2004)

Geiger, C.: Logistikdienstleiter. In: Clausen, U., Geiger, Chr. (Hrsg.) Verkehrs- und Transportlogistik, 2. Aufl., S. 61–70. Berlin (2013)

Gietz, M.: Transport- und Tourenplanung. In: Arnold, D., Isermann, H., Kuhn, A., Tempelmeier, H., Furmans, K. (Hrsg.) Handbuch Logistik, 3., neu bearbeitete Aufl., A3.3., S. 137–153. Heidelberg (2008)

Gleißner H.: Logistikkooperationen zwischen Industrie und Handel: Theoretische Konzepte und Stand der Realisierung, Dissertation Universität GH Kassel, Göttingen (2000)

Gleißner, H.: Supply Chain Controlling für die europäische Endkundendistribution von Großgütern und Möbeln im Versandhandel. In: Stölzle, W., Otto A. (Hrsg.) Supply Chain Controlling in Theorie und Praxis: Aktuelle Konzepte und Unternehmensbeispiele, S. 197–214. Wiesbaden (2003)

Gleißner, H., Femerling, J.C.: Logistik: Grundlagen – Übungen – Fallbeispiele, 2., aktualisierte und erweiterte Aufl. Wiesbaden (2012)
Gleißner, H., Möller, K.: Fallstudien Logistik: Logistikwissen in der praktischen Anwendung. Wiesbaden (2009)
Gudehus, T.: Logistik: Grundlagen, Strategien, Anwendungen. Berlin (1999)
Gudehus, T.: Logistik: Grundlagen, Strategien, Anwendungen, 4. Aufl. Berlin (2010)
Hartmann, H., Lohre, D.: Prozesskostenrechnung bei Logistikdienstleistern – Grundlagen und Anwendungsbeispiele. In: Schneider, C. (Hrsg.), Controlling für Logistikdienstleister, S. 185–209. Hamburg (2004)
Held, Th., Steckler, N.: Kooperationen zwischen Logistikdienstleistern. In: Stölzle, W., Weber, J., Hofmann, E., Wallenburg, C.M. (Hrsg.) Handbuch Kontraktlogistik: Management komplexer Logistikdienstleister, S. 447–461. Weinheim (2007)
Hertel, J., Zentes, J., Schramm-Klein, H.: Supply-Chain-Management und Warenwirtschaftssysteme im Handel. Berlin (2005)
Heiserich, O.-E., Helbig, K., Ullmann, W.: Logistik: Eine praxisorientierte Einführung, 4., vollständig überarbeitete und erweiterte Aufl. Wiesbaden (2011)
Heistermann, F.: Management globaler Logistikketten über neutrale Plattformen. In: Baumgarten, H., Darkow, I.-L, Zadek, H. (Hrsg.) Supply Chain Steuerung und Services, S. 217–225. Heidelberg (2004)
Henning, R., Janz, O., Schröder, M., Janowski, J.: Economies in der Verkehrswirtschaft. In: Merkel, H., Bjelicic, B. (Hrsg.) Logistik und Verkehrswirtschaft im Wandel: Unternehmensübergreifende Versorgungsnetzwerke verändern die Wirtschaft, Festschrift für Gösta B. Ihde, S. 399–417. München (2003)
Hoffmann, A.: Controlling und Kostenmanagement. In: Stölzle, W., Fagagnini, H.P. (Hrsg.) Güterverkehr kompakt, S. 191–204. München (2010a)
Hoffmann, A., Resch, B.: Eigenschaften von Güterverkehrsleistungen. In: Stölzle, W., Fagagnini H.P. (Hrsg.) Güterverkehr kompakt, S. 39–47. München (2010b)
Homburg, C., Bucerius, M.: Kundenorientierung: Bestandsaufnahme, Managementinstrumente, Entwicklungslinien. In: Pfohl, H.-Chr. (Hrsg.) Jahrbuch der Logistik: customer related – glocal – e-based, S. 107–140. Berlin (2001)
IBM Business Consulting Services: Erfolgreiches Kundenmanagement: Ergebnisse zur Studie Potenziale in der Logistik-Dienstleistung 2002. Stuttgart (2002)
Ickert, L., et al.: ProgTrans AG Schlussbericht Abschätzung der langfristigen Entwicklung des Güterverkehrs in Deutschland bis 2050 (im Auftrag des BMVI). Basel (2007)
Ihde, G.B.: Transport, Verkehr, Logistik: Gesamtwirtschaftliche Aspekte und einzelwirtschaftliche Handhabung. München (1984)
Ihde, G.B.: Die Entwicklung des EG-Verkehrsmarktes. In: Dichtl, E. von (Hrsg.) Schritte zum Europäischen Binnenmarkt, S. 145–164. München (1990)
Ihde, G.B.: Transport, Verkehr, Logistik: Gesamtwirtschaftliche Aspekte und einzelwirtschaftliche Handhabung, 2., völlig überarbeitete und erweiterte Aufl. München (1991)
Ihde, G.B.: Ertragsorientiertes Preis- und Kapazitätsmanagement für logistische Dienstleister. In: Bloech, J., Götze, U., Sierke, B. (Hrsg.) Entscheidungsorientiertes Rechnungswesen: Konzepte und Analysen zur Entscheidungsvorbereitung, S. 103–119. Wiesbaden (1993)
Ihde, G.B.: Transport, Verkehr, Logistik: Gesamtwirtschaftliche Aspekte und einzelwirtschaftliche Handhabung, 3., völlig überarbeitete und erweiterte Aufl. München (2001)
Isermann, H.: Logistik. Beschaffung, Produktion, Distribution. München (1994)

Janz, O.: Integriertes Transportnetzmanagement: Angebots- und nachfrageorientierte Planung und Steuerung komplexer Transportnetze. Köln (2003)

Jockel, O.: Unterlagen zur Vorlesung Verkehrslogistik an der Hochschule für Internationale Wirtschaft Neuss. Neuss (2015)

Jünemann, R., Schmidt, T.: Materialflusssysteme: Systemtechnische Grundlagen, 2. Aufl. Berlin (2000)

Kille, Ch., Schwemmer, M.: Die Top 100 der Logistik 2014/2015. Hamburg (2014)

Klaas-Wissing, T.: Organisation. In: Stölzle, W., Fagagnini, H.P. (Hrsg.) Güterverkehr kompakt, S. 139–150. München (2010)

Klaus, P.: Märkte für logistische Leistungen. In: Arnold, D., Isermann, H., Kuhn, A., Tempelmeier, H., Furmans, K. (Hrsg.) Handbuch Logistik, 3., neu bearbeitete Aufl., D3.1, S. 947–969. Heidelberg (2008)

Kummer, S.: Einführung in die Transportwirtschaft, 2. Aufl. Wien (2010a)

Kummer, S., Schramm, H.-J., Sudy, I.: Internationales Transport- und Logistikmanagement. Wien (2010b)

Leitner, W., Lenger, T.: Logistik, Transport und Lieferbedingungen. In: Sternad, D., Höfferer, M., Haber, G. (Hrsg.) Grundlagen Export und Internationalisierung, S. 203–229. Wiesbaden (2013)

Lenz, A.: Kennzahlengestütztes Controlling von Systemverkehren. In: Schneider, C. von (Hrsg.) Controlling für Logistikdienstleister, S. 163–174. Hamburg (2004)

Lieb, T.C., Lang, U.: Strategien und Organisationsstrukturen global integrierter Logistikdienstleister. In: Merkel, H., Bjelicic, B. (Hrsg.) Logistik und Verkehrswirtschaft im Wandel: Unternehmensübergreifende Versorgungsnetzwerke verändern die Wirtschaft, Festschrift für Gösta B. Ihde, S. 446–459. München (2003)

Macharzina, K., Wolf, J.: Unternehmensführung, 7. Aufl., S. 13. Wiesbaden (2015)

Mau, M.: Supply Chain Management, S. 87. Weinheim (2003)

Maurer, P.: Luftverkehrsmanagement – Basiswissen, 4. Aufl. München (2006)

Meier, F., Sender, J., Voll, R.: Schienengüterverkehr. In: Clausen, U., Geiger, Chr. (Hrsg.) Verkehrs- und Transportlogistik, 2. Aufl., S. 161–177. Berlin (2013)

Mensen, H.: Planung, Anlage und Betrieb von Flugplätzen. Berlin (2007)

Metzler, U.: Anwendungsbereiche der Transportplanung. In: Clausen, U., Geiger, Chr. (Hrsg.) Verkehrs- und Transportlogistik, 2. Aufl., S. 277–290. Berlin (2013)

Müller-Steinfahrt, U.: Logistikmarkt Deutschland. GVB-Informationen 1/95 **19**, 23 (1995) (Nürnberg)

Muschkiet, M.: Verkehrsträger und Transportprodukte: Begriffe und Systematik. In: Clausen, U., Geiger, Chr. (Hrsg.) Verkehrs- und Transportlogistik, 2. Aufl., S. 123–136. Berlin (2013b)

Muschkiet, M., Ebel, G.: Verkehrsträger und Transportprodukte: Binnenschiffgüterverkehr. In: Clausen, U., Geiger, Chr. (Hrsg.) Verkehrs- und Transportlogistik, 2. Aufl., S. 179–202. Berlin (2013a)

Nuhn, H.: Internationalisierung von Seehäfen: Vom Cityport und Gateway zum INterface globaler Transportketten. In: Neiberger, C., Heike, B. (Hrsg.) Waren um die Welt bewegen: Strategien und Standorte im Management globaler Warenketten, S. 109–124. Mannheim (2005)

Pfohl, H.-Chr.: Logistiksysteme: Betriebswirtschaftliche Grundlagen, 6., neu bearbeitete und aktualisierte Aufl. Berlin (2000)

Pompl, W.: Luftverkehr: Eine ökonomische und politische Einführung, 5. überarbeitete Aufl. Berlin (2007)

Prockl, G.: Informationsmanagement. In: Stölzle, W., Fagagnini, H.P. (Hrsg.): Güterverkehr kompakt, S. 151–165. München (2010)

Prümper, W., Butz, C.: Der Internet 4PL – Best Practice „Metro Group". In: Baumgarten, H., Darkow, I.-L., Zadek, H. (Hrsg.) Supply Chain Steuerung und Services, S. 261–269. Heidelberg (2004)

Resch, B.: Preismanagement. In: Stölzle, W., Fagagnini, H.P. (Hrsg.) Güterverkehr kompakt, S. 205–215. München (2010)

Rüegg-Stürm, J.: Das neue St. Galler Management-Modell, 2. Aufl., S. 22. Bern (2002)

Rühl, M.: Logistik in Westeuropa. In: Göpfert, I., Braun, D. (Hrsg.) Internationale Logistik in und zwischen Weltreligionen, S. 25–66. Wiesbaden (2008)

Schieck, A.: Internationale Logistik: Objekte, Prozesse und Infrastrukturen grenzüberschreitender Güterströme. Wien (2008)

Schmid, H.: Die schnelle Fabrik, Planung und Realisierung einer Fabrik für Computersysteme und deren Einbindung in ein logistisches Netzwerk. In: Pfohl, H.-Chr. (Hrsg.) Jahrhundert der Logistik: Customer-Related-Glocal-E-Based, S. 141–165. Berlin (2001)

Schubert, L.: Konzeptionelle Grundlagen für eine Systematisierung der Preisbildung im Ladungsverkehr. In: Müller, S., Roth, A., Schmidt, N. (Hrsg.) Märkte, Anwendungsfelder und Technologien in der Logistik: Ergebnisse und Reflexion von 20 Jahren Logistikforschung. Festschrift für Peter Klaus, S. 229–245. Wiesbaden (2009)

Schulte, C.: Logistik: Wege zur Optimierung der Supply Chain, 6. Aufl. München (2013)

Statistisches Bundesamt: https://www.destatis.de/DE/Publikationen/Thematisch/VolkswirtschaftlicheGesamtrechnungen/ZusammenhaengePDF_0310100.pdf?__blob=publicationFile. Zugegriffen: 10. Aug. 2015

Stölzle, W., Gareis, K.: Konzepte der Beschaffungslogistik – Anforderungen und Gestaltungsalternativen. In: Hahn, D., Kaufmann, L. (Hrsg.) Handbuch Industrielles Beschaffungsmanagement, S. 402–423. Wiesbaden (2002)

Tripp, C.: Chancen und Risiken mittelständischer System-Stückgutkooperationen in Deutschland, Studie der Fraunhofer ATL im Auftrag der Bayerischen Hypo- und Vereinsbank AG. Nürnberg (2003)

Tscheulin, D.K., Lindenmeier, J.: Yield-Management – Ein State-of-the-Art. Zeitschrift für Betriebswirtschaft **73**, 629–662 (2003)

Vahrenkamp, R.: Logistik. Management und Strategien, 5., vollständig überarbeitete und erweiterte Aufl. München (2005)

Wallenburg, C.M.: Beziehungs- und Kundenbindungsmanagement. In: Stözle, W., Weber, J., Hofmann, E., Wallenburg C.M. (Hrsg.) Handbuch Kontraktlogistik: Management komplexer Logistikdienstleister, S. 387–403. Weinheim (2007)

Wildemann, H.: Tipps zur Auswahl der geeigneten Frachtbörse. www.tcw.de/uploads/html/publikationen/standpunkte/files/Artikel_70_Tipps_zur_A. Zugegriffen: 10. März 2015

Winter, K.: Logistikoutsourcing. In: Clausen, U., Geiger, Chr. (Hrsg.) Verkehrs- und Transportlogistik, 2. Aufl., S. 71–95. Berlin (2013)

Wolf, D.: Gestaltung eines Produktionsplanungs- und -steuerungssystems für Sammelgutspeditionen: Ein modellbasierter Gestaltungsansatz, Dissertation Universität Mannheim (2000)

Zäpfel, G., Wasner, M.: Logistische Planungsprobleme in kooperativen Transportnetzwerken für Sammelgutspeditionen. In: Kaluza, B., Blecker, T. (Hrsg.) Produktions- und Logistikmanagement in virtuellen Unternehmen und Unternehmensnetzwerken, S. 321–344. Berlin (2000)

Sachverzeichnis

A

Ab-Werk-Anlieferung, 53
Airport Industrial Park, 28
Airportlogistikzentrum, 28
Airport Terminals, 28
Allianz, strategische, 103
Allokationsproblem, 45
Angebotsgestaltung, 55
Auftrag, direkter, 91
Auftragsannahme, 93
Auftragseinplanung, 93
Auftragsmanagement, 92
Auftragsselektion, 100
Auftragsverwaltung, 93
Auslastungsgrad, 60
Ausschreibung, 91
　Durchführung, 91
außerbetriebliche Transportleistung, 5

B

Bahninfrastruktur, 29
Bahntransport, 63
Behälterverkehr, 19, 41
Berechenbarkeit, 43
Bereitschaftskosten, 60
Beschwerdemanagement, 95
Betreiber, 70
Betriebsleistung, 60
Binnenhafen, 29
Binnenschifffahrt, 19, 63
Binnenschifffahrtsmarkt, 71
Binnenschifffahrtsnetz, 27
Binnenschifftransport, 62
Buchungssystem, internetbasiertes, 103

C

Carrier, 70
Citylogistik-Konzepte, 52
Commodity Box Rates, 96
Containerisierung, 16
Containerverkehr, 19, 41
Cost Plus Pricing, 97
Cross docking, 50
Cross Docking Terminal, 31
Customer Relationship Management, 94

D

deutsche Verkehrspolitik, 80
direkter Auftrag, 91

Direktverkehr, 40
Direktzug, 15
Discounter, 89
Disposition, 93
Distanzhandel, 90
dynamische Tourenplanung, 44

E

ECR, 7
Einrichtungen, 30
Einzelkosten, 61
Einzelwagenverkehr, 15
Eisenbahngüterverkehr, 71
Eisenbahnnetz, 27
Eisenbahntarif, 96
Eisenbahnverkehr, 11
Empfänger, 70
Empfängerakquisition, 48
Endkombination, 58
Energiepipeline, 25
Ergänzende Leistungen, 59
Ergebnissteuerung, 102
ERMTS, 32
Ertragsmanagement, 100
EU-Verkehrspolitik, 82
Expresslieferdienst, 78
externe Produktionsfaktoren, 57

F

Fachgeschäft, 89
Fahrpläne, 58
Fahrzeuge, 6
Feederdienst, 17
Fernverkehr, 43
Fernverkehrsdisposition, 46
Fernverkehrsplan, 43
Fertigungstiefe, Reduzierung, 7
Fixkosten, 60
Fixkostendeckungsrechnung, 98

Flächenverkehrsdisposition, 46
Fleet Monitoring-Systeme, 47
Flexibilität
  räumliche, 43
  zeitliche, 43
Flughafen, 28
  nationaler, 28
  regionaler, 28
Flugnetz, 27
Flussschiffahrt, 18
Frachtbörse, 103
Frachtflughafen, 28
Frachtführervertrag, 93
Frankatur, 52
Frankaturumstellung, 53
Frei-Haus-Zustellung, 52
Fuhrparkmanagementsystem, 48

G

Galileo, 32
Ganzzugverkehr, 15
Gaspipelines, 24
Gateways, 29
Gelegenheitsschiffahrt, 96
Gemeinkosten, 61
Gesamtkonzeption, 92
gewerblicher Güterkraftverkehr, 9
Gleisanschluss, 30
Grenzplankostenrechnung, 98
Großflughafen, internationaler, 28
GSM-R-Netz, 32
Güterbahnhof, 29
Güterkraftverkehr, gewerblicher, 9
Gütermengeneffekt, 7
Gütermobilität, 7
Güterstruktureffekt, 7
Güterverkehrszentrum (GVZ), 51
Güterversendung, 70

Sachverzeichnis

H

Hafenhinterland, 29
Hafenvorland, 29
Hauptlauf, 39
Hinterlandanbindung, infrastrukturelle, 29
horizontale Kooperation, 102
Hub-and-Spoke-Netz, 37
Hub-and-Spoke-System
  regionaler Hub, 39
  Vorteile, 37
Huckepackverkehr, 41

I

Informationssystem, internetbasiertes, 103
Infrastruktur, 29
  luftverkehrsrelevante, 28
Infrastrukturanbieter, 59
infrastrukturbezogene Verbundproduktion, 58
infrastrukturelle Hinterlandanbindung, 29
innerbetriebliche Transportleistung, 5
Input, 56
inputbezogene Größen, 99
Integrated Forwarders, 49
Integrationseffekt, 8
internationaler Großflughafen, 28
internationales Logistiksystem, 79
Internationalisierung, 79
interne Produktionsfaktoren, 56
internetbasiertes Buchungssystem, 103
internetbasiertes Informationssystem, 103
Internethandel, 90
Internet Protokoll, 31

J

just in sequence, 51
just in time (JIT), 7, 51
just-in-time-Lager, 51

K

Kapazitäten, 59
Kapazitätsreservierungssystem, 101
Kapazitätssteuerung, 101
KEP (Kurier-, Express- und Paket-Dienstleister), 77, 78
KEP Kurier-, Express- und Paket-Dienstleister, 62
Kleingutverkehr, 77
kombinierter Ladungsverkehr, 15
kombinierter Verkehr (KV), 15, 41
Komplementärleistungen, 59
Konditionen, 100
konkurrenzorientierte Preisbestimmung, 97
Konsolidierungszentrum, 51
Kooperation
  horizontale, 102
  vertikale, 102
kostenorientierte Preisbestimmung, 97
Kostenstelleneinzelkosten, 61
Kosten, variable, 61
Kostenzuschlagsmethode, 97
Kundenmanagement, 94
Kurier-, Express- und Paket-Dienstleister (KEP), 62, 77

L

Ladehilfsmittel, 9
Laderaumausgleichssystem, 103
Ladungsakquisition, 48
Ladungsausgleichssysteme, 103

Ladungsverfolgung, 104
Ladungsverkehr, kombinierter, 15
Lang-Lkw, 81
Leistungsbedarf
  Abgrenzung, 92
  Quantifizierung, 92
Leistungsbreite, 55
Leistungskontrolle, 91
Leistungskosten, 60
Leistungsmessung, 92
Leistungstiefe, 56
Leistungsvergütung, 91
Leistungsvermögen
  qualitatives, 59
  quantitatives, 59
Linienluftverkehr, 96
Linienschifffahrt, 96
Linienstruktur, 36
Lkw-Maut, 81
Logistikeffekt, 8
Logistikkostenrechnung, 98
Logistiksystem, internationales, 79
Luftfracht, 21, 71
Luftfrachtinformationssystem, 31
Luftfrachtkommunikationssystem, 31
Luftfrachtterminal, 30
Luftfrachttransportkette, 42
Lufttransportleistung, 21
Luftverkehr, 63
luftverkehrsrelevante Infrastruktur, 28

M

Maildienst, 74
Marktleistung, 60
Marktplatz, 67
Massengutschifffahrt, 18
Massenguttransport, 75
Massenleistungsfähigkeit, 43

mengenorientierte Preisdifferenzierung, 100

N

nachfrageorientierte Preisbestimmung, 97
Nachlauf, 39
nationaler Flughafen, 28
Netzbildungsfähigkeit, 43
Netzkonfiguration, 38

O

Ölpipelines, 24
operative Potentialplanung, 59
operative Tourenplanung, 44
operative Transportplanung, 35
Output, 56
outputorientierte Prozessgrößen, 99

P

Paketdienst, 78
Periodenkapazität, 60
Postdienst, 74
Potentialgestaltung, 59
Potentialplanung
  operative, 59
  strategische, 59
  taktische, 59
Preisbestimmung
  konkurrenzorientierte, 97
  kostenorientierte, 97
  mengenorientierte, 100
  nachfrageorientierte, 97
  räumliche, 100
  zeitliche, 100
Preissteuerung, 102
Preisuntergrenze, 97
Produktionsfaktoren, 56

externe, 57
interne, 56
Produktionspotenziale, 56
Produktleistungen, 55
Produktpipelines, 24
Prognosen, 102
Prozessgrößen
 inputbezogene, 99
 outputorientierte, 99
Prozesskostenrechnung, 99

Q

Qualitätseigenschaften, 55
Quellkonsolidierung, 50
Querschnittskapazität, 59

R

Rangierbahnhof, 30
Rasternetz, 36
räumliche Flexibilität, 43
räumliche Preisdifferenzierung, 100
Rechnungsverwaltung, 93
regionaler Flughafen, 28
RFI (Request for Information), 91
RFQ (Request of Quotation), 91
Ringverkehr, 36
RoRo-Verkehr (Roll-on-Roll-off-Verkehr), 41
Rundreiseproblem, 44

S

Sammelladungsunternehmen, 62
Satellitennavigation, 32
Savingsalgorithmen, 45
SB-Warenhaus, 89
Schienengütertransport, 62
Schnelligkeit, 43
Schnelllieferdienst, 78

Seehafen, 29
Seehafeninfrastruktur, 17
Seehafenterminal, 30
Seeschifffahrt, 16, 18, 96
Seeschiffverkehrsnetz, 27
Seetransport, 62
 mit Containern, 42
Segmentierung, 95
Selbstkosten, 97
Sendungsverfolgung, 104
Sendungsverfolgungssystem, 48
Shuttlezug, 15
Sicherheit, 43
Single Hub-and-Spoke-Systeme, 39
Spediteur, 70
Spediteursvertrag, 93
Straßengütertransport, 61, 62, 93
Straßengüterverkehr, 9, 63, 95
Straßengüterverkehrsmarkt, 71
Straßennetz, 28
strategische Allianzen, 103
strategische Potentialplanung, 59
strategische Transportplanung, 35
Stückgutschifffahrt, 18
Suprastruktur, 29

T

Target Return Pricing, 97
Teilkostenrechnungssystem, 98
Teilladungsverkehr, 15
TEN-Konzept, 82
Terminalanlage im Eisenbahnverkehr, 30
Terminalform, 30
Throughput, 56
Tourengebiete, 44
Tourenplanung
 dynamische, 44
 operative, 44

statische, 44
taktische, 35, 44
Tourenplanungsaufgaben, 44
Tourenplanungsprobleme, 44
Tourenplanungssystem, 46
Tracking & Tracing-Systeme, 48
Trajektverkehr, 41
Trampschifffahrt, 96
Transport, 6
Transportbörse, 103
Transportfahrleistung, 7
Transportkette, 39
Transportkonsolidierung, 48
Transportleistung, 5, 7, 58
  außerbetriebliche, 5
  innerbetriebliche, 5
Transportmittel, 5, 6
transportmittelbezogene Verbundproduktion, 58
Transportnetze, 36, 58
Transportobjekt, 6
Transportobjekte, 1
Transportplanung
  operative, 35
  strategische, 35
  taktische, 35
Transportplattformen, 104
Transport Pooling, 49
Transportpreise, 95
Transportsubjekt, 6
Transportsubjekte, 1
Transportsystem, 5
Transport- und Verkehrsmittel, 6
Transportwirtschaft, 6
transshipment, 50

U

Umschlagterminal, 30
Umweltbeeinflussung, 43

V

variable Kosten, 61
Verbrauchermarkt, 89
Verbundproduktion, 58
  infrastrukturbezogene, 58
  transportmittelbezogene, 58
Vergabe, 92
Vergabepolitik
  Entwicklung, 92
  Verabschiedung, 92
Verkehr, 6
  Logistik, 6
Verkehrsaffinitäten, 43
Verkehrsinfrastruktur, 6
Verkehrsmittel, 6
Verkehrsobjekt, 6
Verkehrspolitik, deutsche, 80
Verkehrssubjekt, 6
Verkehrsträger, 6
Verkehrswege, 6
Verkehrswertigkeiten, 42
Verkehrswirtschaft, 6
Verlader, 70
Versandhandel, 90
vertikale Kooperation, 102
VMI, 7
Vollkostenrechnung, 98
Vorkombination, 58
Vorlauf, 39

W

Wagenladungsverkehr, 12
Warenhaus, 89
Werk, 50
Werkverkehr, 9, 74

Z

zeitliche Flexibilität, 43
zeitliche Preisdifferenzierung, 100

 springer-gabler.de

Harald Gleißner
J. Christian Femerling

Logistik

Grundlagen – Übungen – Fallbeispiele

2. Auflage

Springer Gabler

LEHRBUCH

Jetzt im Springer Shop bestellen:
http://springer.com/978-3-8349-1851-2

springer-gabler.de

Harald Gleißner / Klaus Möller
Fallstudien Logistik
Logistikwissen in der praktischen Anwendung

LEHRBUCH

Jetzt im Springer Shop bestellen:
http://springer.com/978-3-8349-1123-0

 springer.com

Springer Texts in Business and Economics

Harald Gleissner
J. Christian Femerling

Logistics
Basics – Exercises – Case Studies

Springer

Jetzt im Springer Shop bestellen:
http://springer.com/978-3-319-01768-6

The manufacturer's authorised representative in the EU is Springer Nature Customer Service Centre GmbH, Europaplatz 3, 69115 Heidelberg, Germany. If you have any concerns regarding our products, please contact ProductSafety@springernature.com

Printed and bound by CPI Group (UK) Ltd, Croydon, CR0 4YY

23/03/2026

02076461-0005